Die Seelenkraft der Pferde

What horses can teach us
is only limited by our ability to understand.

What they're willing to give us,
is only limited by our ability to receive.

Nanda van Gestel-van der Schel

Die Seelenkraft der Pferde

Intuitiv mit Pferden kommunizieren

CADMOS

Titel der Originalausgabe:
Het paard als spiegel van de ziel
Natuurlijk, holistisch en intuïtief met paarden omgaan

Das Pferd als Spiegel der Seele
Über den natürlichen, holistischen und intuitiven Umgang mit Pferden

Aus dem Niederländischen von Dorothee Dahl

Copyright © 2013 by Cadmos Verlag, Schwarzenbek
3. Auflage 2014
Gestaltung und Satz: Hantsch & Jesch PrePress Services OG, Wien
Alle Fotos in diesem Buch sind von Sonja Rasche, www.sonjarasche.eu.
Lektorat: Dorothee Dahl
Druck: Himmer AG, Augsburg

Deutsche Nationalbibliothek – CIP-Einheitsaufnahme
Die Deutsche Nationalbibliothek verzeichnet diese Publikation in der Deutschen Nationalbibliografie; detaillierte bibliografische Daten sind im Internet über http://dnb.ddb.de abrufbar.

Alle Rechte vorbehalten.

Abdruck oder Speicherung in elektronischen Medien nur nach vorheriger schriftlicher Genehmigung durch den Verlag.

Printed in Germany

ISBN: 978-3-8404-1039-0

Inhalt

Sehnsucht nach Freiheit 7
    Aufbruch in ein neues Leben 9
    Amerika – The Land of the Free 14
    Der Traum 17
    Eine Botschaft für Marijke 20
    Eine schicksalhafte Begegnung 23
    Natürliches Pferdetraining 28
    Die wilde Stute 31

Spiegel der Seele 35
    Emotionale Balance 46
    Leben wie eine Leitstute 51

Verbundenheit 56
    Geduld 62
    Fokus und innere Stärke 67
    Die Kraft der Gedanken 74
    Seelenverbundenheit 77

Der Wandel des Lebens 80
    The circle is round 86

Zurück in den Stall 100
    Entscheidungen und ihre Konsequenzen 106
    Von Pferden fürs Leben lernen 115
    Der Kreislauf des Lebens 119

Sehnsucht nach Freiheit

Meine Sehnsucht nach Freiheit war stetig gewachsen. Ich fühlte mich wie ein Pferd, das in seinen Stall eingesperrt ist, aber davon träumt auszubrechen und mit wehender Mähne seiner Freiheit entgegen zu stürmen.

Während meiner Schulzeit starrte ich häufig aus dem Fenster oder malte Pferde in mein Heft, um mich daran zu erinnern, was für mich selbst wirklich wichtig war. So wie von jedem anderen wurde auch von mir in der Schule erwartet, dass ich lernte, was andere wichtig finden, um das zu tun, was von mir erwartet wurde. Wenn ich die Erwartungen der anderen nicht erfüllte, wurde das bestraft. Nicht mit einem Ruck am Gebiss, einem Schlag mit der Peitsche oder einem schmerzhaften Stich mit den Sporen in meine Rippen, sondern durch schlechte Noten oder andere Sanktionen.

Wenn ich morgens zur Schule ging, hatte ich oft meine Reitsachen statt der Schulbücher in meiner Schultasche. Ich fuhr mit dem

Fahrrad heimlich zu dem Reitstall, in dem mein Pferd Natasha stand. Den ganzen Tag ritt ich dann mit Natasha über die Heide und durch die Wälder. Wenn im Sommer schönes Wetter war, nahm ich oft meinen Badeanzug mit, sodass ich in den kleinen Seen auf der Heide mit ihr schwimmen konnte. Ohne Sattel galoppierten wir so schnell wir konnten ins Wasser. Immer tiefer, bis Natasha den Boden nicht mehr fühlen konnte und zu schwimmen begann. Ich hatte meine Arme um ihren Hals geschlungen und ließ mich von ihr mitnehmen. Wenn wir uns ausgetobt hatten, setzte ich mich an den Rand des Sees und aß meine mitgebrachten Butterbrote, während sich Natasha genüsslich über das Gras und die Möhren hermachte, die ich mitgenommen hatte. Das war Freiheit für mich, das war Leben. Später, als ich erwachsen war und selbst bestimmen konnte, was ich tat, gelang es mir nicht, mich wirklich frei zu fühlen.

Mein Leben war in den Augen der anderen „perfekt", und trotzdem fühlte ich mich immer mehr wie ein Pferd, das sich nach unendlicher Weite sehnt, um ausgiebig galoppieren zu können. Ich hatte das Gefühl, dass mein Leben von den Erwartungen bestimmt wurde, die mir von außen auferlegt wurden. Wie ein Pferd, das auch immer wieder Befehle ausführen muss; Befehle, die an dem vorbeigehen, was das Pferd wirklich will, auferlegt von den Menschen, die nie zufrieden zu sein scheinen, egal wie sehr das Pferd versucht, sein Bestes zu geben.

Mein wachsender Widerstand hatte sich bis zu diesem Zeitpunkt immer nach innen gekehrt. Ich bekam Kopfschmerzen, wenn ich zu einem ungewollten Familienbesuch „musste", und Schmerzen im Knie, wenn ich meine Kinder zur Schule bringen musste. Es war so, als sei ich jahrelang ein braves Schulpferd gewesen, aber stets lahmer geworden. Tief in mir wuchs das Verlangen, aus allem auszubrechen. Ich wünschte mir, die Tür meines Stalles zu zertreten und meiner Freiheit entgegenzurennen. Ich spürte die Sehnsucht, ganz ich selbst sein zu können, ohne von irgendetwas gezügelt zu werden.

Die Sehnsucht, gesehen zu werden, als Mensch, als lebendiges Wesen, geschätzt für das, was ich bin, statt beurteilt zu werden nach dem, was ich tue.

Aufbruch in ein neues Leben

An diesem Punkt meines Lebens bekam mein Mann eine Stelle in Amerika angeboten. Dieses Angebot fühlte sich für mich so an, als hätte meine Stalltür gerade dem Tritt meiner Hufe nachgegeben und hinge offen in den Scharnieren. Es war, als ob ich in der Tür meines jetzt offenen Stalles stünde und es nichts mehr gäbe, was mich noch von meiner Freiheit abhalten konnte. Ich bestand allerdings darauf, dass ich nur dann umziehen würde, wenn ich Natasha (die ich inzwischen sechzehn Jahre hatte und mit der ich mich unendlich verbunden fühlte) würde mitnehmen können.

Als ich die Fluggesellschaft anrief, um zu erfahren, welche Möglichkeiten es gab, sie nach Amerika zu fliegen, wurde ich kurz in die Warteschleife gesetzt. Durch den Telefonhörer schallte das Lied von Randy Crawford: „*One day I'll fly away …*"

Die Gefühle, die diese Worte in mir hervorriefen, waren zwiespältig. Ich selbst wollte nichts lieber, als von allem und jedem wegzufliegen, fragte mich aber, ob sich das für Natasha auch so anfühlte. Sie war inzwischen zwanzig Jahre alt, litt unter Arthritis und hasste es außerdem, zu reisen. Ich hatte also meine Zweifel.

Anfänglich planten wir, an die Ostküste Amerikas zu ziehen. Es gab Flüge, auf denen Pferde transportiert werden durften, die in Washington D.C. landeten. Von dort aus war es nur eine kurze Fahrt zu unserem Wohnort. Alles schien also machbar zu sein.

Im allerletzten Moment, nachdem wir alle Verträge unterschrieben und unser Haus verkauft hatten, änderte sich unser Ziel aber in Richtung des Nordwestens von Amerika. Durch die Reorganisation des Unternehmens, in dem mein Mann arbeitete, wurde nicht Washington D.C., aber Washington State unser neuer Wohnort.

Die Nachfrage bei dem Transportunternehmen zeigte, dass diese Reise noch viel mehr Stolpersteine haben würde. Der Flug, den Natasha machen müsste, würde viel länger dauern. Außerdem ist Los Angeles der einzige Flughafen an der Westküste, auf dem Pferde landen dürfen. Natasha müsste dort sechs Wochen in Quarantäne bleiben und ich könnte sie wegen der großen Entfernung nicht besuchen. Anschließend müsste sie dann noch zwei Tage mit dem Lastwagen transportiert werden, um dorthin zu kommen, wo wir in Zukunft wohnen würden. Es machte mich nicht glücklich, mir vorzustellen, wie dies alles für sie sein würde.

Ich konnte den Gedanken daran, dass dieser Plan nicht wirklich im Interesse von Natasha war, nicht mehr unterdrücken. Ich wollte sie aber auch nicht zurücklassen. Es schien, als gäbe es keine gute Lösung für mein Dilemma, und weil es auch kein Zurück mehr gab, wusste ich wirklich nicht mehr, was ich tun sollte. Ich lief heulend in den Stall, wo Natasha genüsslich ihr Heu kaute. Ich schlang meine Arme um ihren Hals und schluchzte, weil ich fest davon überzeugt war, dass sie nicht ohne mich und ich nicht ohne sie würde leben können.

Natasha holte mich sofort wieder in die Wirklichkeit zurück, indem sie mir einen ordentlichen Stups mit dem Kopf gab, wodurch ich mit einem Plumps im Stroh landete. Ich fühlte mich abgelehnt und traurig und lief geknickt zum Haus zurück. Ich liebte Natasha und war mir sicher, dass sie mich genauso liebte. Drinnen ließ ich mich aufs Sofa fallen. Ich machte gedankenlos den Fernseher an und zappte durch die Programme, um etwas Belangloses zu finden, was mich auf andere Gedanken bringen könnte. So landete ich bei einer Dokumentation über einen Natural-Horsemanship-Trainer in Amerika, Tom Dorrance. Tom, ein alter, freundlicher Mann mit einem großen Cowboyhut, stand mitten in einem Roundpen (einem rund eingezäunten Platz mit einem Durchmesser von ungefähr fünfzehn Metern) und erzählte über seine Arbeit mit Pferden. Sofort widmete ich mich mit aller Aufmerksamkeit diesem Bericht. Das war genau das, wonach ich schon seit Jahren suchte. So wollte ich mit Pferden arbeiten: so natürlich und frei wie möglich.

Ich hatte immer versucht, Natasha so viel Freiheit wie möglich zu geben, was mir aber nur bis zu einer gewissen Grenze gelungen war. Ich ritt sie am langen Zügel, sah in manchen Situationen aber keine andere Möglichkeit, als die Zügel doch anzunehmen. Ich gönnte ihr alle Freiheit, fragte mich aber gleichzeitig, ob ich ihr etwas geben konnte, was ich selbst in meinem Leben noch nicht gefunden hatte.

Ich fühlte, dass mich Amerika wie ein Magnet anzog, und ich spürte auch, dass die „wilde" Westküste ein viel besserer Ort für mich sein würde als die konventionellere Ostküste. Es war das Gebiet der wilden, ungezähmten Natur, der Cowboys, der Natural-Horsemanship-Trainer und nicht zuletzt der Pferde. Gleichzeitig fragte ich mich, was ich da sollte, wenn ich mein eigenes Pferd nicht würde mitnehmen können.

Am nächsten Morgen war ich schon wieder besserer Stimmung – ein guter Schlaf kann Wunder wirken. Ich ging in Natashas Stall und begann sie zu putzen und zu satteln, weil ich einen Ausritt mit ihr machen wollte. Als ich sie nach draußen geführt hatte, lehnte ich meinen Kopf an ihren Hals, während ich sie in Gedanken fragte, was ich tun sollte.

Ich will nur das Beste für dich, Natasha; ich will die richtige Entscheidung treffen. Ich will tun, was dich glücklich macht. Wofür soll ich mich um Himmels willen entscheiden? dachte ich.

Ich gab ihr einen Kuss, stellte meinen Fuß in den Steigbügel und stieg auf. In dem Moment, in dem ich losreiten wollte, hörte ich ganz deutlich in meinem Kopf: „Liebe Nanda, das Universum ist vollkommen. Alles ist miteinander verbunden, und wenn du dir, so wie wir Pferde es auch sind, dieser Verbundenheit bewusst bist, dann weißt du auch, dass alles gut ist, so wie es ist. Ich habe dir alles beigebracht, was ich dir beibringen konnte, und unsere Wege trennen sich hier. Wenn du mich an Marijke abgibst, kann ich ihr auch zeigen, was ich dir gezeigt habe. Dadurch würde mein Leben doppelt so wertvoll werden.

Am anderen Ende der Welt wartet eine weiße Araberstute schon sehnsüchtig auf dich. Sie braucht dich sehr und wird auch deine neue Lehrmeisterin sein. Wenn du mich wirklich liebst, kannst du es beweisen, indem du mich loslässt, denn mein Leben geht hier weiter, so wie dein Leben dort weitergehen wird. Du wirst mich nicht verlieren, aber dadurch, dass du mich loslässt, werde ich dir näher sein, als ich es jemals war."

Dann war es still. Mir fehlten die Worte, aber ich wusste, was ich zu tun hatte.

Marijke war eine nette, herzliche Frau, die im selben Dorf wohnte wie ich. Ich kannte sie schon lange vom Sehen, aber erst vor Kurzem waren wir miteinander ins Gespräch gekommen. Wir entdeckten, dass wir uns in vielen Dingen ähnlich waren und gemeinsame Interessen hatten.

Marijke erzählte mir dabei auch, dass sie schon seit Jahren davon träumte, ein eigenes Pferd zu haben, und dass sie das Gefühl hatte, dass ihr irgendwann, wenn die Zeit dafür reif wäre, bestimmt ein Pferd begegnen würde. Ich konnte ihre Hoffnung darauf bestätigen, denn auch Natasha war vor sechzehn Jahren auf wundersame Weise in mein Leben gekommen. Marijke fragte damals auch vorsichtig nach, ob ich wegen unseres Umzugs vielleicht auf der Suche nach einem guten Zuhause für Natasha sei, aber ich versicherte ihr, dass ich sie mit nach Amerika nehmen würde. Zu dem Zeitpunkt hatte ich das auch vor, aber inzwischen hatten sich die Dinge verändert.

Tief in mir wusste ich, dass Marijke genauso gut für Natasha sorgen würde wie ich. Es fiel mir aber sehr schwer, das zuzugeben. Als ich Marijke erzählt hatte, dass ich nur zum Spaß mit Natasha ritt und ihr so viel Freiheit wie möglich gab, antwortete Marijke, dass auch sie nichts anderes wolle.

Am Nachmittag desselben Tages begegnete ich Marijke zufällig auf dem kleinen Platz vor dem Lebensmittelhändler im Dorf. Ich berichtete ihr, dass meine Pläne sich grundlegend geändert hatten. Marijke war völlig begeistert über die Vorstellung, dass Natasha zu ihr kommen würde.

In den Wochen, in denen ich noch da war, haben Marijke und ich zusammen für Natasha gesorgt, um den Übergang für uns alle so sanft wie möglich zu gestalten. Wir unternahmen lange Ausritte, bei denen wir abwechselnd mit dem Fahrrad fuhren und auf Natasha ritten, und wir besprachen alles, was für Natasha wichtig sein könnte. Wir lernten uns in dieser kurzen Zeit gut kennen und es entwickelte sich schnell eine tiefe Freundschaft.

Am letzten Wochenende vor unserem Umzug bauten unsere Männer zusammen Natashas Stall ab und bauten ihn anschließend zu Hause bei Marijke wieder auf. Als die Aktion beendet war, ritt ich Natasha mit Tränen in den Augen zu ihrem neuen Zuhause. Marijke und ihre Familie begrüßten sie mit großer Freude und ich wusste, dass ich die richtige Entscheidung getroffen hatte. Trotzdem machte das die Sache nicht einfacher.

Natasha lief über die Einfahrt zu Marijke Haus, als hätte sie nie etwas anderes getan, und schien sich gleich wohlzufühlen.

Alles war gut, aber ich hatte mich noch nie so elend gefühlt. „Du wirst mich nicht verlieren", hatte Natasha gesagt, aber ich konnte in diesem Moment nicht erkennen, wie sie jemals näher bei mir sein könnte, wenn ich sie jetzt losließe. „Es gibt eine weiße Araberstute, die sehnsüchtig auf dich wartet." Aber ich wollte gar kein anderes Pferd, ich wollte sie. Außerdem hatte ich keine Ahnung, wie ich die Araberstute jemals finden sollte und woher ich wissen sollte, ob es „richtige" Stute sein würde. „Alles ist miteinander verbunden", hatte sie auch gesagt, aber das konnte ich in dem Moment so gar nicht spüren. Ich fühlte mich mutterseelenallein.

Der Tag unseres Umzugs war gekommen und alle unsere Sachen wurden in einen Container geladen, der die Reise mit dem Schiff machen würde. Am Ende des Tages ging ich mit gemischten Gefühlen noch einmal durch das leere Haus. Einerseits hatte ich das enorme Bedürfnis aufzubrechen, während ich andererseits wehmütig an alles dachte, was mir vertraut war und was ich zurücklassen musste. Jetzt, wo ich tatsächlich „ausbrechen" konnte, wurde mir bewusst, dass mein „Stall" nicht nur begrenzend, sondern auch sicher gewesen war.

Im Laufe des Tages kamen noch viele Leute vorbei, um Abschied von uns zu nehmen. Als wir dann Richtung Flughafen fuhren, machten wir noch einen Umweg, um bei Marijke vorbeizufahren. Ich wusste, dass Marijke und ihre Familie an diesem Tag nicht zu Hause waren, weil sie sich schon vor einigen Monaten verabredet hatten. Das war mir eigentlich ganz recht, denn so konnte ich gleich zum Stall gehen und ungestört von Natasha Abschied nehmen.

Sie fraß ruhig ihr Heu, als ich hineinkam, und wieherte leise zur Begrüßung. Ich öffnete die Schiebetür, schlang meine Arme um ihren Hals und küsste ihr weiches, fuchsfarbenes Fell. Es gab niemanden, den ich mehr vermissen würde als Natasha. Sie war die Einzige, die mich nie eingeschränkt hatte, sondern die mich immer in meiner Sehnsucht nach Freiheit bestärkt und bestätigt hatte. Ich zweifelte keinen Moment daran, dass ich für sie die richtige Entscheidung getroffen hatte. Aber war das auch die richtige Entscheidung für mich selbst? Darüber war ich mir gar nicht so sicher.

Nach einiger Zeit kam mein Mann, um mir zu sagen, dass wir nun fahren mussten; die Zeit drängte. Schweren Herzens riss ich mich von Natasha los. Ich gab ihr noch einen letzten Kuss und ging aus dem Stall. Als ich draußen war, rannte ich so schnell ich konnte zum Auto, das mich zum Flughafen und in meine Freiheit bringen würde. Ich wagte nicht mehr, mich umzuschauen, aus Angst, dass ich meine Meinung ändern und den gesamten Umzug abblasen würde.

Amerika – The Land of the Free

Die Freiheit, nach der ich mich so gesehnt hatte, die Freiheit, genau das tun zu können, was ich wollte, und durch nichts und niemanden zurückgehalten zu werden, fand ich tatsächlich in Amerika. Die Amerikaner nennen ihr Land *The Land of the Free,* was aber nicht der Grund war, dass ich dort meine Freiheit fand. Amerika ist genauso frei (oder unfrei) wie die Niederlande oder Deutschland; in bestimmten Dingen gibt es viel mehr Freiheit und Spielraum, in anderen Dingen ist Amerika aber auch ziemlich konventionell, mit viel weniger Freiheit als bei uns.

Ich fühlte mich frei, weil ich keine Bindung an dieses für mich neue Land hatte. Es sind die Verbindungen mit unserer Vergangenheit, in denen wir oft gefangen sind und die uns daran hindern, uns zu verändern und zu wachsen. Die Menschen, die dich schon als Kind kannten, wünschen sich, dass du so bleibst, wie du in ihren Augen immer warst, und es ist schwer, sich von den Erwartungen zu befreien und doch der Mensch zu werden, der du eigentlich sein willst.

In Amerika konnte ich ganz von vorn anfangen. Ich konnte einfach so sein, wie ich sein wollte, ohne dass das jemandem etwas ausmachte. Ich landete eigentlich zwischen zwei Kulturen. Man erwartete nicht von mir, dass ich mich so wie die Amerikaner verhielt, weil ich Niederländerin war, und es wurde auch nicht länger von mir erwartet, mich nach den Normen und Werten zu richten, die bei mir zu Hause galten. Wenn ich etwas tat, was die Amerikaner eigenartig fanden, dann erklärte ich, dass ich keine Amerikanerin bin. Andersherum sagte ich, wenn ich etwas tat, was Familie oder Freunden bei mir zu Hause merkwürdig vorkam: „In Amerika ist das ganz normal." Dort, wo ich aufgewachsen war, hatte ich immer große Sehnsucht nach der Weite gehabt, die es in Amerika im Überfluss gibt.

Mein Mann war vorher schon für eine Woche nach Amerika geflogen, um ein Haus für uns zu suchen. Er hatte Fotos von einem Holzhaus im Wald geschickt, von dem ich so begeistert war, dass ich meinem Mann die Zustimmung gab, das Haus sofort zu kaufen. In Wirklichkeit war alles noch schöner als auf den Fotos und ich fühlte mich wie im siebten Himmel. Wir hatten nun lange Zeit in einem kleinen bäuerlichen Dorf gewohnt, in dem keiner etwas dagegen hatte, dass wir unsere Garage zum Pferdestall umgebaut hatten. Unser Grundstück zu Hause war klein und wir hatten einen Auslauf für die Pferde darauf gebaut. Glücklicherweise konnten wir bei einem befreundeten Bauern eine Wiese pachten. Trotzdem ist es in so einem kleinen Land nicht einfach, Pferden genügend Platz zu bieten.

In Amerika aber gibt es Wiesen im Überfluss und die Preise sind gut zu bezahlen. So kam es, dass wir nun stolze Besitzer eines Hauses mit wunderschöner Weide und einem privaten Wald waren, der groß genug war, um dort einen Reitweg anzulegen. Unser Land lag außerdem an einem unbefestigten Waldweg und einige Hundert Meter weiter führte der Weg in stille Waldgebiete und auf kilometerlange Reitwege, auf denen man in der unberührten Natur tagelang reiten konnte. In der Ferne konnte man die schneebedeckten Bergspitzen des *Cascade Range* sehen und hoch über einem schwebten Adler in der Luft. *The American Bald Eagle* war für die Amerikaner das Symbol für Freiheit.

Schmerzvoll und eigentlich auch ironisch war eigentlich nur, dass ich Natasha hatte zurücklassen müssen und nun dies alles nicht mit ihr zusammen genießen konnte.

Der Traum

Als ich ungefähr eine Woche in Amerika war, spürte ich, dass ich Natasha tatsächlich nicht wirklich verloren hatte, sondern wir uns trotz der vielen Kilometer, die uns trennten, tatsächlich näher gekommen waren. In dieser Nacht hatte ich einen Traum. Einen ganz klaren Traum, der so wirklich war, dass er die alltägliche Realität verblassen ließ.

Ich stand auf der Wiese vor unserem neuen Haus in Amerika, als Natasha flügellos und geräuschlos durch die Luft angeflogen kam und knapp vor meinen Füßen sanft landete. Es war dunkel, aber gleichzeitig war es genauso wie in Wirklichkeit eine helle, sternenklare Nacht. Natasha war nicht gesattelt und hatte auch keine Trense oder ein Halfter um.

Ich merkte, dass ich auf bloßen Füßen im Gras stand und nur mein Nachthemd anhatte. Ich fühlte den kühlen Wind auf meiner Haut und das feuchte Gras unter meinen Füßen und trotzdem war mir nicht kalt. Natasha schaute mich liebevoll an und ich hörte wieder dieselbe Stimme, die mich ein paar Wochen zuvor so überrascht hatte.

„Setz dich auf meinen Rücken", sagte sie. „Ich möchte dir etwas zeigen." Ich stieg auf und spürte sofort, wie vertraut und gleichzeitig so anders sich alles anfühlte in dieser außergewöhnlichen Realität. Der Unterschied war, dass wir nicht länger zwei voneinander getrennte Wesen waren; wir waren nicht länger ein Mensch und ein Pferd, die versuchten, ins Gleichgewicht und in eine Einheit zu kommen, sondern gingen fließend ineinander über. Vom ersten Moment an, als ich auf ihrem Rücken saß, konnte ich nicht mehr unterscheiden, wo Natasha anfing und ich aufhörte.

Wir gingen erst ruhig im Schritt und Natasha ging in den Wald, der in der Nähe unseres Hauses lag. Sie galoppierte an, und während der Wald vor meinen Augen verschwand, sah ich plötzlich die Heidelandschaft im Süden meiner Heimat, wo ich als junges Mädchen jeden Tag mit ihr unterwegs gewesen war.

Auch die Heidelandschaft verschwand nach einer Weile wieder und wir befanden uns nun dort, wo wir bis vor Kurzem gewohnt hatten und wo Natasha jetzt bei Marijke, ihrer neuen Besitzerin, wohnte. Wir gingen in Natashas Stall, wo sie mir ein Bild von Marijke zeigte.

Es war aber nicht die Marijke, die ich kannte (eine fröhliche, nett aussehende Frau um die dreißig, mit kurz geschnittenen blonden Haaren), sondern eine grau gekleidete ältere Marijke mit grauen Haaren.

„Sie macht sich Sorgen um mich", seufzte Natasha, „aber das ist gar nicht nötig. Kannst du ihr das sagen?"

Danach sah ich Bilder von einem großen Stall, in dem viele Pferde in Boxen standen, und mir wurde klar, dass dies eine Pferdeklinik war. Ich sah auch Bilder, auf denen ich erkennen konnte, wo die Pferdeklinik lag. Alles sah sehr gepflegt aus, aber ich hörte Natashas Stimme sagen: „Ich will dort nicht hin, Nanda. Es stimmt, dass Marijke sieht, dass mein Körper älter wird und dass ich Verschleißerscheinungen habe. Es ist wahr, dass ich oft steif und klamm laufe, wenn ich gerade aus dem Stall komme, aber das macht mir nichts. Sorgen helfen mir nicht und Mitleid brauche ich nicht. Wenn sich Menschen Sorgen machen, dann verschließen sie sich vor uns Pferden und können uns nicht sprechen hören. Das schmerzt mich, denn nur wenn ich gehört werde, kann ich meine Aufgabe für den Menschen erfüllen."

Plötzlich verschwanden der Stall und das Haus von Marijke und wir befanden uns im nächsten Moment am Strand. In Wirklichkeit war ich nie mit Natasha am Strand geritten, weil der viel zu weit weg war und ich ihr die lange Fahrt im Pferdeanhänger ersparen wollte, aber es war ein lang gehegter Wunsch von mir. Nun war es so weit, auch wenn es anders war, als ich es mir vorgestellt hatte. Ich in meinem Nachthemd, auf bloßen Füßen, Natasha ohne Trense und Sattel. Wir beide zusammen als tatsächliche Einheit; tiefer verbunden, als ich es je für möglich gehalten hätte.

Wir galoppierten über den verlassenen Strand und ich merkte plötzlich, dass es gar nicht mehr dunkel war. Statt der Sterne stand die Sonne hoch am Himmel. Ach, natürlich wusste ich, wie das kam! Wir waren in einer anderen Zeitzone, und wenn es in Amerika Nacht ist, dann ist es dort mitten am Tag. So ritten wir stundenlang, oder waren es nur Minuten? Ich kann es nicht mit Sicherheit sagen.

Auf einmal wusste ich aber, dass es an der Zeit war, wieder nach Hause zu gehen. Natasha galoppierte geradewegs ins Meer und sprang höher und höher, bis das Meer, der Strand und die Dünen ganz in der Ferne unter uns lagen. Ich sah die Heimat meiner Kindheit aus meinem Blickfeld verschwinden, sah England und Irland und auf einmal nur noch Wasser, so weit mein Blick reichte.

Als das Wasser des Ozeans vor meinen Augen verschwand, wurde es wieder dunkel, obwohl es nicht mehr so dunkel war wie in dem Moment, in dem wir losritten. Der Nordwesten Amerikas, wo wir gerade angekommen waren, erwachte langsam. Wir verloren langsam an Höhe und ich sah die weißen Bergspitzen des *Cascade Range* unter uns auftauchen. Als wir noch tiefer sanken, konnte ich die hohen *Evergreens* sehen. Das sind die enormen, immergrünen Nadelbäume, die diesem Teil von Amerika den Beinamen *Evergreen State* beschert hatten. Nach einiger Zeit sah ich die Lichtung zwischen den Wäldern, auf der unser Haus stand. Die Vögel waren schon wach und zwitscherten, was das Zeug hielt, während die Dunkelheit der Nacht langsam Platz machte für das Licht des neuen Tages. Wir waren wieder dort, wo unsere Reise begonnen hatte, und Natasha landete weich im Gras. Kurze Zeit später saß ich kerzengerade und hellwach im Bett, während Tränen des Glücks über meine Wangen liefen.

Eine Botschaft für Marijke

Es war noch früh am Morgen, aber ich sprang gleich aus dem Bett, um Marijke anzurufen. In so einem Augenblick ist der große Zeitunterschied praktisch, denn bei mir war es zwar erst halb sieben morgens, bei Marijke war es aber schon Mittag, sodass ich mit meinem Anruf nicht warten musste. Ich war sehr gespannt, wie Marijke auf meine Geschichte reagieren würde. Würde sie mir glauben, wenn ich ihr die Nachricht von Natasha ausrichtete? Glaubte ich selbst eigentlich daran?

Wenn ich länger darüber nachgedacht hätte, hätte ich vielleicht gar nicht so schnell bei Marijke angerufen. Gerade wach geworden, war ich aber noch in meiner Traumwelt und tief berührt von Natashas Botschaft. Ich hatte ihr versprochen, mit Marijke zu sprechen, und ich wollte mein Versprechen nicht brechen.

Marijke meldete sich gleich und ich fragte sie, wie es ihr und Natasha gehe. Marijke reagierte etwas zögerlich und sagte dann: „Was für ein Zufall, dass du anrufst. Ich wollte dich auch anrufen, hatte aber wegen des Zeitunterschieds noch etwas gewartet. Es ist doch erst halb sieben bei euch, oder?" Ich erzählte ihr, dass ich gerade erst wach geworden war. „Weißt du", sagte Marijke, „ehrlich gesagt mache ich mir Sorgen um Natasha. Sie läuft oft so steif, wenn sie gerade aus dem Stall kommt. Ich möchte sie eigentlich gründlich untersuchen lassen, um zu erfahren, ob ich es ihr zumuten kann, auf ihr zu reiten. Ich habe schon einen Termin in einer großen Pferdeklinik gemacht. Die ist allerdings etwas weiter weg und ich bin mir nicht sicher, ob ich Natasha damit einen Dienst erweise."

„Bist du selbst in der Klinik gewesen?", fragte ich.

Marijke war tatsächlich dort gewesen. Ich hatte in meinem Traum ein klares Bild von der Klinik bekommen und auch eine Vorstellung davon, wo die Klinik war. Ich begann, den Ort und die Klinik zu beschreiben. Es wurde still am anderen Ende der Leitung. Nach einer Weile bestätigte Marijke, dass sich die Klinik an dem Ort befinde, den ich vermutete, und dass es dort auch so aussah, wie ich es beschrieben hatte. „Aber woher weißt du das so genau?"

Ich erzählte Marijke von meinem Traum, in dem mir Natasha gesagt hatte, dass sie nicht in die Klinik wolle und dass Marijke sich unnötige Sorgen um sie mache.

„Ich rufe heute noch in der Klinik an und sage den Termin ab", sagte Marijke. „Es fühlte sich sowieso alles nicht gut an. Ich werde das Zusammensein mit Natasha einfach so genießen, wie es ist."

Ich seufzte vor Erleichterung und war froh, dass ich Natashas Botschaft weitergeben konnte. Ich sagte Marijke, dass ich auch das Gefühl hatte, dass das die beste Entscheidung war.

Erst viel später, als unsere Freundschaft noch viel tiefer geworden war, habe ich Marijke erzählt, dass sie in meinem Traum graue Haare hatte. Aber ich bin davon überzeugt, dass man „graue Haare" bekommt, wenn man sich Sorgen macht. Ich glaube auch, dass man sich älter fühlt, als man es eigentlich ist, wenn man dem Fluss des Lebens nicht vertraut und wenn man die Verbundenheit von allem und jedem nicht spüren kann.

Während des Telefongesprächs fühlte ich, dass Marijke ein Stein vom Herzen fiel. Ein paar Tage später rief sie mich zurück, um mir zu erzählen, dass sie herrliche Ausritte mit Natasha gemacht hatte, der es, genau wie ihr selbst, wieder viel besser ging.

Ich dachte an das zurück, was Natasha vor meiner Abreise gesagt hatte: „Wenn du mich an Marijke abgibst, kann ich ihr auch zeigen, was ich dir gezeigt habe. Dadurch würde mein Leben doppelt so wertvoll werden."

Wie oft hatte ich mir in der Vergangenheit Sorgen um Natasha und um andere Dinge in meinem Leben gemacht, und wie leicht war es, diese Sorgen wieder zu relativieren, wenn ich einfach nur zu Natasha in den Stall ging, um mich mit ihr zu verbinden, oder wenn ich auf ihr ritt.

Wenn ich eines in den Jahren mit Natasha gelernt hatte, war es tatsächlich, mir keine Sorgen zu machen, sondern unbeschwert das zu genießen, was ist. Ich verstand, dass Natasha Marijke das Gleiche beibringen wollte. Sie wünschte sich, dass Marijke das Zusammensein mit ihr unbesorgt genießen konnte. Dabei wollte sie nicht, dass sich Menschen um sie Sorgen machten. Die Menschen sollten sich ihr öffnen, sodass sie ihnen helfen konnte, wieder Vertrauen zu haben.

Wenn wir bereit sind, uns den Pferden zu öffnen, dann stellen wir unsere Verbindung mit der Natur und allem, was lebt, wieder her. In diesem Zustand erinnern wir uns daran, wer wir wirklich sind, wo wir herkommen und wohin wir schließlich zurückkehren werden.

Immer wenn wir uns mit einem Pferd verbinden, fühlen wir tief in unserer Seele, dass es mehr gibt als die materielle Welt und dass es noch eine andere Welt gibt, in der es keine Trennung, sondern Heilung gibt und in der Angst ersetzt wird durch Vertrauen. Eine Welt, die leider für viele unsichtbar bleibt, dadurch aber ganz bestimmt nicht weniger wirklich ist.

Es ist eine andere Welt, in der sich Sorgen auflösen, weil wir die Dinge in einem größeren Zusammenhang sehen. Wir sehen plötzlich das Ganze und nicht nur einen kleinen Teil davon. Pferde sind eine Brücke, ein Tor zu dieser Welt. Sie haben diese Welt nie verlassen, sie ist ihre Wirklichkeit und sie wollen nichts lieber, als uns den Weg dahin zurück zu zeigen.

Eine schicksalhafte Begegnung

Mein Mann sagt oft im Scherz, dass man Pferdehaltung eigentlich nicht als Hobby bezeichnen kann. Er findet, dass es mehr eine Art Krankheit ist, von der man, wenn man einmal mit dem Virus infiziert ist, nicht mehr loskommt. Eine gute Erklärung dafür, dass ich schon nach zwei Wochen in Amerika große Sehnsucht hatte, endlich wieder das warme Fell eines Pferdes zu fühlen und meine Nase in der Mähne zu vergraben, um den unersetzlichen herrlichen Pferdeduft tief einzuatmen. Meine Beine begannen merkwürdig zu kribbeln, und ich wusste, dass dies nur durch einen Ritt auf einem echten Pferd (aus Fleisch und Blut) zu heilen war. Ich wünschte mir, dass es ein Parfum mit den wunderbaren Aromen von Stroh, frischem Mist und Pferdeschweiß geben würde, mit dem ich mich reichlich bestäuben würde.

Ich dachte immer wieder an Natashas Vorhersage, dass irgendwo auf dieser Seite der Welt eine weiße Araberstute sehnsüchtig auf mich wartete. Aber wo war sie und wie sollte ich sie jemals finden?

Ich blätterte in der regionalen Zeitung, in der auch Anzeigen standen, in denen Pferde zum Kauf angeboten wurden, aber das fühlte sich nicht richtig an. Ich ging zum Futtermittelhändler, dem *feedstore*, und in die Läden, in denen man Pferdezubehör kaufen konnte, die *tack stores*, in denen es Pinnwände mit Pferdeanzeigen gab. Die Pferde, die mich auf den Fotos anschauten, bewegten aber nichts in mir. Ich beschloss also, alles loszulassen und darauf zu vertrauen, dass die weiße Stute von selbst auf meinen Weg kommen würde.

Es war übrigens nicht so, dass ich in der Zeit nichts anderes vorhatte, als an ein neues Pferd in meinem Leben zu denken. Im Gegenteil. Jeder, der schon einmal umgezogen ist, kann bestätigen, dass die ersten Wochen im neuen Haus ziemlich hektisch sind. Bei einem Umzug auf einen anderen Kontinent kommen noch viele neue Aspekte hinzu. Wir waren schon an unserem neuen Wohnort, aber unsere Möbel und unsere anderen Sachen würden erst sechs Wochen später mit dem Schiff ankommen.

Vorläufig saßen wir also noch in einem leeren Haus und hatten nur die Sachen, die wir in unsere Koffer gestopft hatten. Es war ein bisschen so wie auf dem Campingplatz, und ich fuhr oft in die nächste kleine Stadt, um Dinge zu regeln und Sachen zu kaufen, die wir dringend brauchten.

Eines Tages wollte ich wieder einmal in die Stadt fahren, um Einkäufe zu erledigen oder, wie die Amerikaner sagen, *to run some errands*. Ich kannte den Weg in die Stadt inzwischen gut. Unser Haus befand sich in den Wäldern auf einem Berg, der ein Ausläufer des Cascade-Gebirges war. Von dort aus schlängelte sich ein langer Weg bis nach unten in die Stadt. Als ich auf diesem Weg fuhr, sah ich auf einmal einen viel kleineren Weg, der ziemlich steil den Berg hinunterführte. Ohne weiter darüber nachzudenken, bog ich in den kleinen Weg ein. Ich genoss die Landschaft und das schöne Frühlingswetter, als ich an der linken Seite des Weges eine Ranch liegen sah, die auf unerklärliche Weise meine Aufmerksamkeit auf sich zog. „Biege hier ab und fahre zu der Ranch", sagte eine Stimme in meinem Kopf.

„Schon ein bisschen verrückt", sagte mir mein Verstand. Zu Hause hätte ich mich wahrscheinlich getraut, bei fremden Menschen auf den Hof zu fahren (obwohl ich dann auch einen Grund dafür hätte haben müssen), aber hier, im „Wilden Westen"? Ich wusste noch nicht so viel über die Amerikaner, aber mir war bekannt, wie wichtig ihnen ihre Privatsphäre und ihre Freiheit ist. Und ich wusste auch, dass sie fast alle ein Gewehr im Haus haben. Trotzdem fuhr ich unbewusst immer langsamer, als ob mich eine magnetische Kraft daran hinderte, weiterzufahren, bis ich schließlich mein Auto am Wegesrand anhielt.

Plötzlich übermannte mich mein Gefühl; ich wendete mein Auto und stand schneller als gedacht auf dem Grundstück der Ranch. Ich stieg aus und lief zu den weit geöffneten Türen des großen Stalls. Auf beiden Seiten der breiten Stallgasse waren lange Reihen mit Pferdeboxen. Mein Verstand verließ mich völlig, denn ich sah, roch und hörte nichts anderes mehr als die Pferde. Wie in Trance ging ich hinein, um meine Nase tief in ihrem warmen Fell zu vergraben und ihren Duft, nach dem ich mich so sehnte, in mich aufzunehmen. Ich weiß nicht, wie viel Zeit vergangen war, aber ich lief von Pferd zu Pferd. Ich streichelte sie und sprach leise mit ihnen; dabei blies ich vorsichtig in ihre Nüstern, um mich vorzustellen. Ich verlor mich ganz in diesem wundervollen Moment.

Deshalb erschrak ich auch sehr, als ich plötzlich eine tiefe Männerstimme hörte. „Entschuldigen Sie, suchen Sie vielleicht irgendetwas?"

Hinter mir stand ein junger Cowboy mit einem großen schwarzen Hut und grinste breit.

„Ich sehe, dass Sie Freude an den Pferden haben. Ich wollte Sie nicht erschrecken, aber dies ist mein Stall, verstehen Sie?"

Ich entschuldigte mich dafür, dass ich einfach so auf sein Grundstück gefahren und in seine Ställe gegangen war, und erzählte ihm in einem Atemzug von unserem Umzug und davon, dass ich mein Pferd hatte zurücklassen müssen, wie sehr ich es vermisste und wie schrecklich ich mich ohne Pferd fühlte. Ich zog die Fotos von Natasha, die ich immer bei mir hatte, aus meiner Jackentasche und zeigte sie ihm.

Der Cowboy bestätigte, dass sie schön war und liebe Augen hatte, und er fragte mich, welchen Bereich des Pferdesports ich mit ihr ausgeübt hatte.

Ich erzählte bereitwillig, wie ich sie als Vierjährige noch völlig roh bekommen hatte, dass sich ihr Springtalent gezeigt hatte und dass ich Turniere mit ihr geritten hatte. Auch dass sie irgendwann anfing zu lahmen und dass ich den Turniersport hatte aufgeben müssen und mich auf Freizeitreiten verlegt hatte. Außerdem erzählte ich, wie ich immer mehr gelernt hatte, auf sie zu hören, statt ihr meinen Willen aufzuerlegen, und wie ich so viel wie möglich am langen Zügel mit ihr geritten hatte. Und dass ich davon träumte, irgendwann keine Zügel mehr zu brauchen und ein Pferd auch ohne Trense reiten zu können. Ich berichtete, dass ich viel über Pferdeflüsterer und Natural Horsemanship gelesen hatte und dass ich hoffte, darüber in Amerika mehr zu erfahren.

Als ich endlich zu Ende erzählt hatte, grinste der Cowboy wieder von einem Ohr zum anderen und sagte: „Oh, ich wusste gar nicht, dass es bei euch auch Pferde gibt. Ich dachte, ihr hättet nur Kühe."

Er gab mir die Hand und sagte, er heiße Kyle, habe aber jetzt leider keine Zeit mehr. Ich solle am nächsten Morgen um neun Uhr wiederkommen, weil er mir dann etwas zeigen wolle. „Vergiss' nicht, deine Stiefel anzuziehen, junge Dame!" rief er mir noch hinterher.

Glücklicherweise hatte ich meine Jodhpurstiefel in meinen Koffer getan. Die zog ich am nächsten Tag zu meiner Jeans an und fuhr, auf alles vorbereitet, am nächsten Morgen um kurz vor neun auf das Gelände der Ranch. Die Stalltüren waren weit geöffnet und Kyle begrüßte mich mit seinem breiten Grinsen. In der Stallgasse stand ein gesatteltes, wunderschönes dunkelbraunes Pferd mit schwarzer Mähne, schwarzem Schweif und einer breiten Blesse.

„Ich möchte dir mein Pferd Shadow zeigen", sagte Kyle. Shadow war ein schicker Quarter-Horse-Wallach. Er war nicht sehr groß, aber kräftig und gut bemuskelt, ein richtiges Westernpferd. „Worauf wartest du noch? Ich dachte, du wolltest reiten", sagte Kyle, um mir klarzumachen, dass er sein Pferd für mich gesattelt hatte.

Ich stieg auf und ritt aus dem Stall in die Reithalle. Es war eine enorm große, überdachte Reithalle ohne Seitenwände, sodass das Sonnenlicht hineinscheinen konnte. Kyle machte es sich auf dem Tor bequem und rief: „Gib' alles!" um mir deutlich zu machen, dass ich nach Herzenslust reiten sollte. Ich genoss das komfortable Gefühl des großen Westernsattels und begann mit einem ruhigen Trab. Nach einiger Zeit galoppierte ich an und war überrascht, dass Shadow sogar fliegende Galoppwechsel beherrschte.

Kyle genoss sichtlich, dass ich so beeindruckt vom Ausbildungsstand seines Pferdes war. Zweifellos war Shadow sein großer Stolz.

Er erklärte mir, wie ich Shadow durch Zungenschnalzen dazu bekommen konnte, sich immer schneller im Kreis zu drehen. Ich war bisher noch nicht im Western style auf einem Pferd geritten und hatte noch nie auf einem Pferd gesessen, das sich so schnell drehte, dass einem schwindlig wurde. Ich fühlte mich wie ein kleines Kind auf der Kirmes und genoss diese neue Erfahrung in vollen Zügen.

Nach einiger Zeit rief Kyle mir zu, dass ich die Trense nun abnehmen könne.

„Das war es doch, wovon du geträumt hast, oder?" Ich war etwas erstaunt und fragte ihn, ob er das ernst meine. Als er dies bestätigte, öffnete ich Shadows Trense vom Sattel aus, nahm die Zügel über seinen Kopf, ließ das Gebiss aus seinem Maul gleiten und warf die Trense auf den Boden.

Da ritt ich nun auf einem prächtigen Quarter-Horse-Wallach mit einem großen Westernsattel, ohne Kopfstück und ohne Zügel. Shadow war so gut ausgebildet und reagierte so fein, dass er bei dem kleinsten Signal einen Handwechsel machte.

Es dauerte nicht lange, bis ich vollstes Vertrauen hatte und in schnellem Galopp durch die große Halle ritt. Ich schwenkte meinen Arm durch die Luft, als ob ich ein unsichtbares Lasso werfen würde, und rief aus vollem Herzen *Yeehaw*! Das war Freiheit, hiervon hatte ich geträumt, das war es, was ich wollte.

Als ich meinen Ritt beendet hatte und Shadow in der Stallgasse absattelte, begann Kyle zu erzählen. Er war ein natürlich arbeitender Pferdetrainer und hatte lange bei Ray Hunt gelernt, der einer der Besten auf diesem Gebiet in Amerika ist. Ray Hunt wiederum ist ein Freund von Tom Dorrance, dem natürlich arbeitenden Pferdetrainer, den ich kurz vor meinem Umzug nach Amerika im Fernsehen gesehen hatte. Es stellte sich heraus, dass auch Kyle Tom Dorrance einige Male getroffen und mit ihm gesprochen hatte. Die Welt ist klein.

Wir sprachen viel über Pferde und natürliches Pferdetraining und ich fragte Kyle Löcher in den Bauch. Ich gab zu, dass ich alles dafür geben würde, um diese Dinge zu lernen, und dass ich es fantastisch fände, einen Mann wie Ray Hunt oder Tom Dorrance kennenlernen zu dürfen. Kyle lachte und sagte, dass es letztlich die Pferde gewesen seien, von denen er am meisten gelernt habe. „Die Pferde können dir beibringen, was Natural Horsemanship wirklich ist. Es ist nicht immer einfach, aber sie zeigen dir, wie es geht."

Kyle versicherte mir, dass ich so oft vorbeikommen könne, wie ich wolle. Zu dem Zeitpunkt standen zwanzig Pferde in seinem Stall, von denen ein großer Teil im Training war. Er hatte jemanden angestellt, der die Ställe ausmistete, ansonsten machte er alles allein. Da alle Pferde jeden Tag geritten oder trainiert werden mussten, konnte er ein bisschen Hilfe gut gebrauchen und im Lauf der Zeit würden alle meine Fragen beantwortet.

Natürliches Pferdetraining

Es kam so, wie ich es mir gewünscht hatte. Jeden Tag kam ich auf die Ranch um mitzuhelfen und lernte immer wieder etwas Neues. Eines Tages fragte mich Kyle, ob ich wisse, woran man einen guten Pferdetrainer erkennen könne. Ich kam mit einer ganzen Reihe an möglichen Antworten, aber jedes Mal schüttelte er den Kopf und lachte mich aus. Schließlich verriet er mir die richtige Antwort. Er flüsterte dabei, als ob es um ein großes Geheimnis ginge: „Es ist das Lächeln …"

Kyle erklärte mir, dass das Lächeln sein Gradmesser während seiner Arbeit mit Pferden sei. Solange er ein breites Grinsen im Gesicht hatte, war er sich sicher, auf natürliche Weise mit den Pferden zu arbeiten.

„Wenn das Lächeln aus deinem Gesicht verschwunden ist, dann wird es Zeit, eine Pause zu machen. Sonst hat nur noch das Pferd seinen Spaß!", erzählte er weiter.

Es klingt so einfach und doch steckt darin eine tiefe Wahrheit. Auch für mich ist es ein Gradmesser für die Arbeit mit Pferden geworden. Wenn man Pferde auf natürliche Weise trainiert, schafft man Umstände, in denen das Pferd genau das tun will, was dir vorschwebt. Immer dann, wenn das funktioniert, kommt das Lächeln wie von selbst. Wenn man in dem Moment aufhört, in dem man aufgehört hat zu lächeln, kann man die Umstände oder die Strategie so anpassen, dass man die Situation wieder unter Kontrolle hat. Auf diese Weise vermeidet man, dass man im Umgang mit Pferden frustriert wird, und so kann man auch ärgerlichen Gefühlen während des Trainings oder des Reitens vorbeugen.

Um wirklich natürlich trainieren zu können, ist es essenziell, dass einem das Pferd völlig vertraut und einen respektiert. Dies erreicht man nur durch emotionales Gleichgewicht.

Ein anderes Mal half ich Kyle beim Training eines rohen Pferdes, das zum ersten Mal ein Halfter und einen Führstrick umgelegt bekam. An dieser Stelle ist es wichtig zu wissen, dass man ein rohes Pferd in Amerika nicht mit einem durchschnittlichen noch nicht gerittenen Pferd bei uns vergleichen kann. In Amerika gibt es noch so viel Platz, dass es sein kann, dass junge und manchmal auch ältere Pferde auf riesigen Weiden leben, ohne jemals einem Menschen begegnet zu sein. Diese Lebenssituation kommt dem freien Leben in der Herde sehr nahe. Amerikaner haben ein schönes Sprichwort, um diese Pferde zu beschreiben: *„He's wild, woolly and full of fleas; he's never been tickled below the knees."*

Mit so einem Pferd arbeiteten wir also gerade. Als, das Pferd sein Halfter angelegt bekam und spürte, dass ihn der Strick in seiner Freiheit einschränkte, war es, als hätte es einen Schleier vor Augen. Es schien nichts mehr zu sehen und begann mit seinem ganzen Gewicht an dem Führstrick zu ziehen.

Dadurch, dass ich jahrelang auf konventionelle Weise mit Pferden umgegangen war, hielt ich instinktiv den Führstrick fest, mit dem festen Willen, das Pferd nicht loszulassen. Kyle brüllte aber in meine

Richtung, dass ich den Strick loslassen und ihn außerdem dem Pferd hinterherwerfen solle. „Gib ihm den verdammten Strick, wenn er ihn haben will!", rief er.

Ich war überrascht, aber ich tat, was er sagte. Wir befanden uns in einer geschlossenen Reitbahn und als ich den Strick warf, stürmte das Pferd in wildem Galopp davon. Er rannte um sein Leben, um den schrecklichen Strick, der ihn immer noch verfolgte, loszuwerden. Ich fragte mich gerade, was wir nun um Gottes willen tun sollten und wie wir das Pferd jemals wieder einfangen könnten, als ich Kyles Stimme hinter mir hörte.

„Willst du auch eine Cola?", fragte er.

Als ich mich umschaute, sah ich, wie er es sich auf dem Boden bequem gemacht hatte und zwei Dosen Cola geöffnet hatte.

„Es dauert seine Zeit", antwortete er, als er meinen überraschten Blick sah.

So saßen wir ungefähr drei Stunden auf dem Boden; so lange dauerte es, bis das junge Pferd endlich damit aufhörte zu rennen. Kyle begann mir ruhig zu erklären, dass das Pferd nun ein Problem mit dem Führstrick habe. Es könne lange dauern, aber schließlich würde das Pferd merken, dass der Strick ihm nichts tun würde und dass er sogar ruhig liegen bleiben würde, wenn es selbst auch still stehen blieb. Nun könne ich zu dem Pferd gehen, um es von dem Führstrick zu befreien. Wenn man den Führstrick festhält, dann hat das Pferd kein Problem mit dem Strick, sondern mit dem Menschen, der mit dem Strick verbunden ist.

Es ist so einfach, aber dies ist die Essenz des natürlichen Pferdetrainings. Auf diese Weise erhält man das erwünschte Verhalten (dass das Pferd mit Halfter und Führstrick still stehen bleibt), ohne das Pferd dazu zu zwingen. Man lässt das Pferd selbst die Konsequenzen seiner Aktionen spüren und es schließlich selbst entscheiden, still stehen zu bleiben.

In der Zwischenzeit konnte das Pferd außerdem erfahren, dass wir Menschen keine Gefahr darstellten. Wir saßen auf dem Boden, sprachen leise und tranken unsere Cola. Wir machten keine Anstalten, auf das Pferd zuzugehen oder es zu irgendetwas zu zwingen.

Als das Pferd endlich völlig verschwitzt, dampfend und noch ein wenig zitternd stehen blieb, senkte es den Kopf, leckte über seine Lippen und schaute fragend in unsere Richtung.

Ich senkte den Kopf und wendete mich halb von ihm ab, um keine Bedrohung für das Pferd darzustellen. Ich lief langsam auf es zu, bis ich so nah herangekommen war, dass ich meine Hand auf seine verschwitzte Flanke legen konnte.

Ich spürte, dass sich das Pferd ganz für mich öffnete, und dieses Gefühl war so entwaffnend, dass ich davon noch heute Tränen in den Augen bekomme. Vorsichtig nahm ich den Strick und ging ruhig zurück in den Stall. Das junge Pferd lief wie ein Hund hinter mir her.

Die wilde Stute

Als ich eines Tages auf die Ranch kam, war plötzlich alles anders. Kyle hatte private Probleme und konnte die Miete für die Ranch nicht mehr aufbringen. Er kündigte an, dass er innerhalb der nächsten Tage wegziehen würde. „Ich verlasse dieses Land", teilte er mir mit. „Vielleicht habe ich woanders mehr Glück."

Diese Ankündigung war für mich ein Schock, denn ich hatte das Gefühl, dass unsere Begegnung vorbestimmt gewesen war. Ich hatte mir eigentlich vorgestellt, dass ich auf der Ranch bleiben würde und dass ich alles lernen würde, was ich über Natural Horsemanship wissen wollte, aber dieser Plan ging nun nicht auf. Die Pferde, die im Training waren, sollten zu ihren Eigentümern zurückkehren, und Kyles eigenes Pferd Shadow würde er in seinem Pferdeanhänger mitnehmen.

Ich fragte ihn, ob ich ihm bei irgendetwas helfen könne, aber er wollte vor allem so schnell wie möglich weg, und ich fragte nicht weiter nach dem Grund für seinen übereilten Abschied. Es gab aber noch eine Sache, über die ich mit ihm reden wollte. Einige Tage zuvor hatte eine Frau Kontakt zu ihm aufgenommen, die ihre Stute abgeben wollte, weil sie überhaupt nicht mehr mit ihr zurechtkam.

Die Stute war vor fast dreizehn Jahren auf der Ranch der Frau geboren und auf weitläufigen, abgelegenen Wiesen zusammen mit anderen Pferden aufgewachsen.

Die Besitzerin hatte mit privaten Problemen zu kämpfen gehabt und hatte sich nicht mehr viel um ihre Pferde kümmern können. Ab und zu hatte sie ihnen im Winter etwas Heu hingeworfen, aber die besagte Stute hatte sich immer abseits gehalten. Im Gegensatz zu den anderen Pferden hatte sie sich von Anfang an nicht von der Frau anfassen lassen.

Weil die Besitzerin so viele Probleme hatte, hatte sie es einfach dabei belassen. Die Stute trug allerdings ein Halfter, und als die Besitzerin sehr viel später doch einmal die Pferde aus der Nähe betrachtete, entdeckte sie, dass das Halfter ganz in die Haut des Pferdes eingewachsen war. Der Kopf des Pferdes war natürlich gewachsen und das Halfter saß dadurch immer fester, bis es eine blutige Masse geworden war.

Ich traute meinen Ohren nicht. Für mich war es unvorstellbar, dass jemand so etwas zuließ, aber Kyle versicherte mir, dass solche Dinge in Amerika leider regelmäßig vorkommen.

Auf jeden Fall war es so, dass der erste direkte Kontakt, den die Stute in ihrem Leben mit Menschen hatte, sehr negativ war. Sie wurde mit Lassos gefangen und mit Gewalt festgebunden, damit sie still stand oder lag, während das Halfter aus ihrer Haut geschnitten und gezogen werden musste. Ich fragte gleich, ob dies unter Betäubung geschehen war, aber darüber war sich Kyle nicht so sicher. Als die Stute auf so traumatische Weise von ihrem Halfter befreit worden war, ließ sie sich gar nicht mehr von Menschen anfassen. Wenn die Besitzerin zu den Pferden ging, war die Stute in die äußerste Ecke der Wiese geflohen, aus der sie nicht mehr herauskam, bevor die Besitzerin gegangen war. Die Besitzerin wusste nicht, was sie mit ihr tun sollte, und weil sie die Probleme nicht wahrhaben wollte, hatte sie die Stute noch weitere drei Jahre auf der Weide gelassen, ohne sich um sie zu kümmern.

Je länger die Stute untrainiert wild herumlaufen würde, desto schwieriger würde es sein, sie noch zu „brechen". Weil die Stute eine hervorragende Abstammung und gute Papiere hatte, hatte die Frau doch noch jemanden gefunden, der sie auf Probe zu sich nehmen wollte.

Die Stute, die inzwischen eine Narbe auf der Nase hatte, die Bände sprach, und die eine noch viel größere Narbe auf ihrer Seele hatte, wurde damals also als Sechsjährige wieder mit Lassos gefangen, mit Gewalt in einen Transporter gejagt und zu einem potenziellen Käufer gebracht.

Offensichtlich hatte die Besitzerin verschwiegen, was die Stute bisher alles in ihrem Leben mitgemacht hatte, denn der potenzielle Käufer hatte sie zu Hause nichts ahnend mit einem Führstrick an ihrem Halfter festgebunden.

Was danach genau passierte, konnte Kyle mir nicht erzählen, aber er versicherte mir, dass dies *ugly* gewesen sein muss. Der Käufer hatte sich jedenfalls so erschreckt, dass er die Stute auf keinen Fall haben wollte. Sie wurde zurückgeholt und bekam das Prädikat „unzähmbar und gefährlich" aufgedrückt. Sie landete wieder auf der abgelegenen Weide, auf der sie noch einmal sieben Jahre blieb, bis sie dreizehn Jahre alt war.

Die Besitzerin hatte die Hoffnung, die Stute doch noch irgendwann loszuwerden, beinah aufgegeben, als sie über mehrere Ecken von Kyle hörte. Zufälligerweise hatte sie sich gerade dazu entschieden, Kontakt mit Kyle aufzunehmen und ihn zu fragen, ob er die Stute nicht haben wolle, um sie zu trainieren und weiterzuverkaufen.

Dies sprach jedenfalls für sie, denn sie hätte sich schließlich auch dafür entscheiden können, die Stute töten zu lassen.

Kyle hatte jedoch zu ihr gesagt, dass er keine Zeit habe, weil er umziehen müsse. Außerdem verriet er mir, dass er es nicht so mit Stuten hatte. „Sie sind mir etwas zu sensibel für meinen Geschmack", sagte er. „Ich arbeite lieber mit Hengsten oder Wallachen und außerdem mag ich Quarter Horses lieber." Ich konnte mir vorstellen, was er meinte, denn umgekehrt fühle ich mich mehr zu Stuten hingezogen, und ich habe das Gefühl, dass ich zu Stuten leichter Kontakt bekomme als zu Wallachen und Hengsten. Zumindest empfinde ich es als eine andere Art von Kontakt. So, wie man mit seinen besten Freundinnen andere Dinge bespricht als mit seinem Freund oder Mann. Bei Stuten fühle ich immer eine ganz besondere Verbundenheit, so, wie sie nur Frauen untereinander haben können.

Kyle hatte der Besitzerin der wilden Stute aber gesagt, dass er jemand anders wisse, der die Stute haben wolle und der in der Lage sein würde, ihr zu helfen. Jemand, der sich genau für diese besonders sensible Stute sehr gut eignen würde. Mit diesem „Jemand" hatte er mich gemeint.

„Also ... wenn du Natural Horsemanship wirklich lernen willst, dann ist das deine Chance", beendete er seine Geschichte. Ich fragte Kyle, zu welcher Rasse die Stute gehöre, von der er gesagt hatte, sie sei kein *Quarter Horse*.

Beiläufig erzählte er mir, dass es sich um eine Araberstute handele, und fragte im gleichen Atemzug, ob mich das störe. Ich versicherte ihm, dass mich das ganz bestimmt nicht störe, und fühlte Schmetterlinge in meinem Bauch, als ich vorsichtig fragte, ob er vielleicht wisse, welche Farbe sie habe.

Es war ein Schimmel, eine weiße Araberstute. Ich war wie festgenagelt vor Erstaunen – Natashas Vorhersage!

„Am anderen Ende der Welt wartet eine weiße Araberstute schon sehnsüchtig auf dich. Sie braucht dich sehr und wird auch deine neue Lehrmeisterin sein."

Und ich hatte mich die ganze Zeit noch gefragt, wie ich die Stute jemals finden sollte und wie ich sie erkennen konnte.

„Hallo?", fragte Kyle. „Alles in Ordnung? Ich habe sie gesehen und ich kann dir sagen, dass es nicht leicht werden wird, aber sie braucht dich dringend." Weil ich nicht sofort reagierte, versuchte er, mich davon zu überzeugen, der Stute eine Chance zu geben. Ich brauchte jedoch keine Überzeugung und sagte, als ich meine Stimme endlich wiedergefunden hatte, dass ich die Stute sehr gern haben wolle. Ich hatte in dem Moment keinerlei Vorstellung davon, wie schwierig dies werden würde und wie oft ich mich noch unter Tränen fragen würde, was ich um Himmels willen mit ihr tun solle. Ich spürte nur mit meinem ganzen Herzen, dass ich die Stute so bald wie möglich bei mir zu Hause haben wollte; weg von der Frau, die sie jahrelang so schlecht behandelt hatte.

„In Ordnung, dann ist alles klar", sagte Kyle. „Ich bringe sie morgen zu dir."

Spiegel der Seele

Sie hieß Eden, so wie der Garten Eden oder auch das Paradies – eigentlich ein ironischer Name, denn ihr bisheriges Leben glich mehr einer Hölle. Kyle holte Eden für mich ab und brachte sie am nächsten Tag zu mir nach Hause. Als die Ladeklappe des Pferdeanhängers aufging, flog sie mit einem enormen Sprung nach draußen.

Eden war eine kleine, schlanke und zierlich gebaute Stute, mit etwa 1,50 Meter Widerristhöhe. Sie hatte ein wunderschönes, edles Köpfchen, nur die große Narbe zog sich quer über ihre Nase. Sie hatte die schönsten und auffälligsten Augen, die ich je bei einem Pferd gesehen hatte, aber sie strahlten auch Angst aus. Angst und pure Verzweiflung.

Der Schweiß triefte von ihrem mageren Körper, der bis in alle Fasern angespannt zu sein schien. Eden stand zitternd auf ihren Beinen und wieherte herzzerreißend. Sie war ungepflegt; ihre Mähne und ihr Schweif waren total verfilzt und ihre Hufe sahen so aus, als seien sie noch nie geschnitten worden.

Letzteres konnte Kyle bestätigen. Einmal hatte die vorige Besitzerin vorgehabt, die Hufe schneiden zu lassen, als die Stute sechs Jahre alt war (inzwischen also sieben Jahre her), kurz bevor sie zur Probe zu dem potenziellen Käufer gegangen war. Der Hufschmied hatte ihr damals Beruhigungsmittel verabreicht und hatte die Dosis immer weiter erhöht, weil sie nicht aufhörte, sich zu wehren. Schließlich war es ihm gelungen, einen Huf anzufassen, aber Eden war inzwischen so schlapp geworden, dass sie auf den Boden gefallen war.

Auch diese Erfahrung war also negativ gewesen und ihre ehemalige Besitzerin hatte danach keinen erneuten Versuch mehr unternommen, ihre Hufe schneiden zu lassen.

„Ich hoffe du weißt, was du dir hiermit antust", sagte Kyle mit einem viel ernsteren Gesicht, als ich es von ihm gewöhnt war.

Ich dachte unwillkürlich an das zurück, was er mir über das Lächeln im Gesicht während des natürlichen Pferdetrainings erzählt hatte. Mir wurde klar, dass ihm beim Fangen und Verladen von Eden das Lachen vergangen war. Er hatte keine Zeit mehr zu bleiben, weil er am nächsten Tag fortgehen würde. Die wenigen Dinge, die er besaß, passten alle in seinen Pick-up. So fuhr er, zusammen mit seinem geliebten Pferd Shadow, einer neuen Zukunft entgegen.

Ich habe ihn nie wieder gesehen. Als ich am nächsten Tag im auf der Ranch ankam, war alles leer und Kyle und Shadow waren schon verschwunden. Ich war wieder allein.

Ich beschloss, Eden erst einmal ruhig in den Stall zu bringen, damit sie sich an die neue Umgebung gewöhnen konnte. Als ich allerdings die untere Hälfte der doppelten Stalltür schloss, sah ich wieder die Panik in ihren Augen, die ich gesehen hatte, als sie aus dem Pferdeanhänger kam. Es wirkte so, als hätte sie einen Schleier vor den Augen. Sie drehte sich um und begann mit voller Kraft gegen die Tür zu treten, bis diese auseinanderbrach. Dann rannte sie quer durch die Reste der Tür hindurch ihrer Freiheit entgegen.

Glücklicherweise landete sie im Paddock, der direkt an ihren Stall angrenzte und der gut eingezäunt war. Edens Panikreaktion war vorbei, als sie aus dem Stall heraus war, und sie blieb heftig zitternd in der äußersten Ecke des Paddocks stehen.

Gut, ich hatte verstanden, dass sie es hasste, eingeschlossen zu sein, und ich beließ es dabei. Die Tür war sowieso kaputt und nun hatte sie einen Offenstall; es war mir eigentlich gleich. Ich musste lächeln, als ich mir klarmachte, wie sehr Eden mir ähnelte. Ich bin normalerweise ziemlich risikofreudig, aber das Gefühl, in einem kleinen Raum eingeschlossen zu sein, kann ich nicht ausstehen. Als ich einmal in Südfrankreich Grotten besichtigte, war ich richtig in Panik geraten und nach draußen gerannt. Ich konnte mich in Edens klaustrophobisches Gefühl also nur allzu gut hineinversetzen. Außerdem hatte ich mich früher auch „eingeschlossen" gefühlt. Ich erinnerte mich daran, wie ich mich gefühlt hatte, als ich nach Amerika ging: wie ein Pferd, das die Türen seines Stalls zertrat und seiner Freiheit entgegenrannte.

Eden stand nun vor mir und schaute mich mit großen Augen an.

Von Beginn an fühlte ich mich mit Eden stark verbunden, so als ob ich sie schon immer gekannt hätte. Auf der einen Seite verspürte ich tiefes Mitleid mit ihr, weil ihr so viel Unrecht widerfahren war, aber auf der anderen Seite fühlte ich auch viel Respekt und Bewunderung für sie. Ihr war es gelungen, die Menschen, die sie so ungerecht behandelt hatten, in all den Jahren auf Abstand zu halten. Sie hatte sich trotz allem nicht brechen lassen, sondern war sich selbst treu geblieben, indem sie sich gewehrt hatte und den Menschen aus dem Weg ging.

Auch mir sind in meinem Leben Menschen begegnet, die ihre eigene Unfähigkeit auf mich abwälzen wollten. Menschen, die nicht für die Folgen ihres eigenen Handelns geradestehen wollten und lieber anderen die Schuld gaben, als ehrlich zu sich selbst zu sein. Ich hatte zwar keine Narbe auf der Nase, aber trotzdem habe ich einige emotionale Narben durch diese Erfahrungen davongetragen. Genau wie Eden hatte ich mich schließlich gewehrt und hatte es vorgezogen, allein zu sein statt in Gesellschaft dieser Menschen.

Als Erstes wollte ich Eden zeigen, dass ich anders war als diese Menschen und dass sie mir vertrauen konnte. Ich wollte ihr das Gefühl geben, dass ich ihr niemals wehtun würde und dass ich ihre Grenzen immer respektieren würde. Ich wollte ihr Liebe geben, ohne jemals etwas von ihr zurückzuerwarten.

Vorsichtig ging ich in den Paddock und bewegte mich behutsam auf sie zu. Dabei wendete ich mich halb von ihr ab, um keine Bedrohung für sie darzustellen. Wenn sie sich von mir abwendete, wendete ich mich auch von ihr ab. Wenn sie zwei Schritte nach rechts machte, machte ich zwei Schritte nach links. Dann wartete ich in aller Ruhe, bis ich Edens Neugierde geweckt hatte und ihre Angst gewichen war. Erst wenn sie wieder Kontakt aufnahm, ging ich wieder vorsichtig auf sie zu. Es war wie ein Tanz, bei dem wir uns vorsichtig aufeinander zu bewegten. Er dauerte Stunden. Schließlich blieb Eden regungslos stehen, während ich langsam meine Hand auf ihre Flanke legen konnte. Wir seufzten beide tief vor Erleichterung und ich fühlte, wie Eden sich ganz für mich öffnete. In diesem einen Moment spürte ich die Tiefe ihres Wesens und eine innige Dankbarkeit.

Am nächsten Tag war der Tanz, bevor sie sich berühren ließ, bedeutend kürzer und ich konnte behutsam ihren Hals streicheln. Vom Hals aus strich ich langsam in Richtung ihres Rückens. Jedes Mal, wenn Eden in Panik geriet und sich zurückzog, ging auch ich einen Schritt zurück. Ich drängte mich ihr nicht auf, denn es war nicht mein Ziel, sie überall berühren zu können, sondern vor allem ihr Vertrauen und ihre bedingungslose Liebe zu gewinnen.

Ich erinnerte mich an das, was Kyle mir gesagt hatte, als ich eines der jungen Quarter Horses, das noch nie mit Menschen in Berührung gekommen war, an meine Berührung gewöhnen wollte: „Es ist wie in der Liebe. Gehe einfach zärtlich um mit diesem Pferd."

Ich erwartete nichts von Eden; mein einziger Wunsch war es, ihr etwas zu geben. Ich öffnete mein Herz und meine Seele für sie und versuchte so gut wie möglich zu spüren, was in ihr vorging. Ich wollte ihr eine Freude machen; ich versuchte, mein Herz in meine Hand zu legen und sie mit jeder Berührung meine Liebe spüren zu lassen. Wenn ich Widerstand fühlte, zog ich meine Hand zurück; wenn ich merkte, dass sich Eden während meiner Berührung entspannte, machte ich weiter.

Schließlich gab sie sich in Vertrauen hin und ließ sich überall von mir streicheln. Ich weiß nicht mehr, wie lange es gedauert hat, bis wir so weit gekommen waren, denn ich hatte jegliches Zeitgefühl verloren. Ohne dass ich mir dessen bewusst war, war ich langsam in ihre Wirklichkeit abgeschweift, in der Stunden Minuten und Minuten Stunden waren. Ich legte behutsam meine Hand auf ihren Kopf, zwischen ihre Augen, und so standen wir eine ganze Weile regungslos voreinander. Währenddessen stellte ich mir in Gedanken unsere gemeinsame Zukunft vor. Ich stellte mir vor, wie ich zusammen mit Eden durch die Wälder und über die Heide laufen würde und wie ich sie eines Tages reiten würde – ohne Sattel und ohne Trense. Ohne Zwang und ohne Erwartungen. Ich stellte mir die Einheit vor, die ich irgendwann mit ihr erleben würde, und ich hatte vor Augen, dass ich ihren Freiheitsdrang immer respektieren würde.

Wir hatten einen tiefen Seelenkontakt und wir wussten voneinander, welche wahren Intentionen wir hatten. Eden wusste, dass ich nichts von ihr erwartete, während ich wusste, dass Eden mich in ihre Welt lassen wollte, aber erst ganz sicher sein musste, dass sie mir auch vertrauen konnte. Als ich endlich wieder zurück in die alltägliche Wirklichkeit kam, waren schon viele Stunden vergangen.

Kyle hatte mir geraten, Edens Halfter in den ersten Tagen nicht abzunehmen. „Wenn du es einmal abgenommen hast, dann wird es nicht leicht, es wieder anzulegen", hatte er gesagt. Eden hatte ihr Halfter also noch um, und weil ich wusste, dass dies ein Problem werden würde, hatte ich einen Plan erdacht.

Der Paddock grenzte an eine Weide, auf der jede Menge wundervolles frisches Frühlingsgras stand. Es gab keinen direkten Zugang vom Paddock auf die Weide. Um dorthin zu gelangen, musste ich Eden ein kleines Stück mit dem Führstrick führen. Ich wollte Eden sowieso langsam an das Gras gewöhnen, weil sie ziemlich mager war, als sie bei mir ankam. Sie hatte zwar auf einer großen Weide gestanden, hatte aber während der Wintermonate kaum etwas dazubekommen. Einige Male am Tag führte ich sie an einem langen Strick in die Weide, damit sie Gras fressen konnte. Ich blieb dann bei ihr stehen, damit sie erfahren konnte, dass ich nichts von ihr wollte, sondern dass ich ihr schöne Erlebnisse bieten wollte und keine unangenehmen.

Während sie graste, streichelte und berührte ich sie. Eden war gerade dabei, ihr Winterfell zu verlieren, und es dauerte nicht lange, bis sie anfing, meine Berührungen zu genießen. Nach einigen Tagen war es sogar so, dass sie fragend aufschaute, wenn ich wegen eines Krampfes in meiner Hand kurz mit der Massage und dem Auszupfen ihres Winterfells aufhörte.

Nun war es Zeit für Teil zwei meines Plans. Ich brachte Eden zurück in den Paddock und nahm zum ersten Mal ihr Halfter ab. Als ich am nächsten Morgen zur üblichen Zeit zu ihr ging, kam sie schon begeistert zum Tor des Paddocks gelaufen, weil sie wusste, dass sie nun Gras fressen durfte. Um mit mir mitlaufen zu können, musste sie aber erst ihr Halfter angelegt bekommen. Ich machte das Tor zur Weide schon auf, um ihr zu zeigen, dass dies unser Ziel sein würde, und hielt ihr das Halfter hin. Als Eden das Halfter sah, bekam sie wieder den Schleier vor Augen und floh von mir weg in die äußerste Ecke des Paddocks.

Okay, sie hatte die Wahl. Es war noch früh am Morgen und weil sie abgehauen war, ging ich auch weg. Ich ging zurück ins Haus, um dort in Ruhe zu frühstücken.

Ich aß einen Toast und ein gekochtes Ei und inzwischen verstrich ungefähr eine halbe Stunde. Gerade, als ich mir noch eine zweite Tasse Tee einschenken wollte und daran zu zweifeln begann, ob mein Plan aufgehen würde, hörte ich Eden wiehern. Der Plan funktionierte …

Eden hatte inzwischen gelernt, dass ich immer dann auf Abstand ging, wenn sie dies auch tat, und dass ich zurückkam, wenn sie wieder Interesse zeigte und signalisierte, dass sie es noch einmal versuchen wollte. Ich verstand, was Edens Wiehern bedeutete: Sie wollte eine neue Chance. Sie wollte ihr Halfter, um auf die Weide zu können.

Mit einem breiten Grinsen im Gesicht ging ich zurück in den Paddock. „Na, liebe Eden, möchtest du gern auf die Weide? Komm, dann versuchen wir es noch mal."

Wieder nahm ich das Halfter und hielt es ihr hin. Diesmal flog sie nicht in die äußerste Ecke des Paddocks, sondern versuchte sich zu beherrschen und ging nur ein Stückchen rückwärts. Ich machte auch ein paar Schritte rückwärts. Als sie wieder etwas näher kam, ging ich auch wieder vorsichtig auf sie zu und bot ihr das Halfter an. Es wurde ein langer Tanz, bei dem wir uns immer wieder voneinander weg- und aufeinander zubewegten. Nach langer Zeit konnte ich ihr das Halfter beinah überstreifen, aber im letzten Moment (als sie fühlte, dass ich das Halfter schließen wollte) geriet sie wieder in Panik und raste zurück in ihre Ecke.

Ich ging zum Haus zurück für ein verspätetes Mittagessen und fragte mich verzweifelt, ob es mir jemals gelingen würde. Ich war angenehm überrascht, als ich Eden wiehern hörte. Ich schaute auf meine Uhr und sah, dass dieses Mal nur zehn Minuten vergangen waren. Es gab also einen Fortschritt.

Es war später Nachmittag geworden, als Eden, mit großen ängstlichen Augen und zitternd vor Angst, zielbewusst und freiwillig ihre Nase in das Halfter steckte und es von mir schließen ließ. Die Tränen liefen über meine Wangen, als ich sie stolz und fast andächtig auf die Weide führte, auf der sie an dem Tag besonders lang grasen durfte.

In der Nacht hatte ich wieder einen klaren Traum. Ich saß auf einer Wiese, die mit Bäumen umsäumt war. Eden lag auf dem Boden und ich war bei ihr. Ihr Kopf ruhte auf meinem Schoß, während ich sie behutsam streichelte.

Die Wirklichkeit war noch bedeutend anders, aber durch den Traum war ich davon überzeugt, dass Eden und ich das gleiche Ziel vor Augen hatten und wir es irgendwann auch erreichen würden. Ich ging davon aus, dass der Traum eine Metapher war. Dies war Edens Art, mir klarzumachen, dass sie lernen würde, mir zu vertrauen, und mich nah an sie heranlassen würde.

Während ich dies nun sechs Jahre später schreibe, weiß ich, dass der Traum sich tatsächlich verwirklicht hat. Vor einigen Tagen saß ich mit Eden noch so in der Sonne, auf der schönen, mit Bäumen umsäumten Weide, die zu dem Haus gehört, in dem wir jetzt wohnen. Eden lag lang ausgestreckt auf dem Boden und genoss die Sonne, während sie ihren Kopf behutsam auf meinen Schoß gelegt hatte.

Der Lernprozess beim Pferd (und beim Menschen!) ist keinesfalls ein linearer Prozess, sondern ein Weg mit Bergen und Tälern. Als ich am nächsten Tag zum Paddock kam und Eden das Halfter anbot, jagte sie wieder genauso schnell in die entfernteste Ecke, wie sie es bisher getan hatte. Diesmal dauerte es allerdings nur bis zum Mittag, bis ich ihr das Halfter anlegen und sie auf die Weide führen konnte.

Ein Pferd, das dreizehn Jahre lang schlechte Erfahrungen gemacht und Menschen erfolgreich auf Abstand gehalten hat, kann nicht in einer „Sitzung" von wenigen Stunden geheilt werden. Es ist zwar möglich, dass man in relativ kurzer Zeit einen Durchbruch erreicht, aber man kann es mit jemandem vergleichen, der eine traumatische Jugend gehabt hat und der nach einem guten therapeutischen Gespräch zu sehr klärenden Einsichten gekommen ist. Es ist ein fantastischer Fortschritt, aber erst danach beginnt die eigentliche Arbeit. Immer wieder kommen neue Dinge ans Licht und die Einsichten vertiefen sich, sodass auch auf tieferer Ebene Heilung geschehen kann. Aber es ist ein langwieriger Prozess, den man nicht beschleunigen kann.

Ich erzähle dies, weil ich wünschte, dass mir dies damals bewusst gewesen wäre. Als ich Eden überall berühren konnte und ihr das Halfter anlegen konnte, machte ich den Fehler zu denken, dass sie nun auch einen Besuch des Tierarztes ertragen könnte. Edens Hufe sahen schrecklich aus, aber man hatte mir auch erzählt, dass sie noch nie geimpft worden war, und es erschien mir in ihrem eigenen Interesse, dies durchführen zu lassen. Ich ging davon aus, dass der Tierarzt sie auch würde anfassen können, nachdem die Barriere durchbrochen war und Eden Vertrauen zu mir gefasst hatte. Ich war so naiv zu glauben, dass ich ihr Vertrauen in Menschen allgemein repariert hatte, aber dies war leider nicht der Fall.

Ich fand es sehr schade, dass Kyle schon weg war und dass ich vergessen hatte ihn zu fragen, welche Tierärzte er in dieser Region empfehlen könne. Ich fragte verschiedene Menschen, die Pferde hatten, und alle empfahlen mir denselben Tierarzt. Dr. Larry sollte ein alter Mann mit lebenslanger Pferdeerfahrung sein, und jeder, mit dem ich sprach, sagte mir, er sei *the best in town*. Was ich mir hätte denken können war, dass diese Menschen selbst auf altmodische, autoritäre Weise mit ihren Pferden umgingen und absoluten Gehorsam forderten und dass ihre Vorstellung von einem guten Tierarzt so ziemlich das Gegenteil dessen darstellte, was Eden und ich brauchten.

Rückwirkend betrachtet hätte ich diesen Mann besser von meiner Liste streichen und auf gut Glück einen Namen aus dem Telefonbuch suchen können. Aber ich machte telefonisch einen Termin mit Dr. Larry aus und ein paar Tage später fuhr er mit seinem Pick-up auf das Grundstück. Er war tatsächlich ein alter Mann mit einem großen Cowboyhut. Es fiel mir aber auch augenblicklich auf, dass er ein ziemlich autoritärer Mann war, der eine, unsympathische Ausstrahlung hatte. „Los, holen Sie das Pferd!", blaffte er mich an, während er alles bereitstellte, um das Pferd über einen Schlauch in der Nase zu entwurmen. Ich sagte, dass ich schon am Telefon nur um eine Impfung gebeten hatte und dass ich nicht wollte, dass er sie entwurmen würde. „Das machen wir immer so", sagte Dr. Larry verärgert. „Das ist hier so üblich." Ich blieb dabei, dass ich nicht wollte, dass er sie entwurmte. Ich hatte Eden gerade selbst eine einfache Wurmkur gegeben, was schon schwierig genug gewesen war. Außerdem war es jetzt nicht nötig.

Dr. Larry war ziemlich verärgert, nahm sein Impfzubehör und ging mit großen Schritten direkt auf den Paddock zu. „Warten Sie!", rief ich ihm nach. „Ich muss ihnen erst etwas über diese Stute erzählen. Sie hat eine sehr problematische Vergangenheit."

Der Tierarzt drehte sich um und erklärte mir überdeutlich, dass niemand und schon gar nicht eine so junge Frau wie ich ihm etwas über Pferde erzählen könne. Er habe schon sein ganzes Leben Erfahrung mit Pferden und er frage sich, ob ich überhaupt schon mal ein Pferd gehabt habe, weil er mich nicht kenne (und Dr. Larry kannte alle Pferdebesitzer in dieser Gegend) und weil ich so dumm sei, die Wurmkur abzulehnen.

Ich brauchte eine Minute um mich zu sammeln. Ich fühlte mich beleidigt und war sehr böse. Was mich am meisten ärgerte, war die Tatsache, dass dieser Tierarzt mir nicht offen begegnete. Er fällte sein

Urteil aufgrund einiger Äußerlichkeiten, und ich konnte nichts tun oder sagen, was ihn vom Gegenteil überzeugen würde.

Als ich eine Minute später zum Paddock kam, war es schon zu spät. Dr. Larry hatte eine Nasenkette in seiner Jackentasche versteckt, die er blitzschnell an Edens Halfter befestigt hatte. Eden bekam wieder ihren Schleier vor den Augen und stieg so lang und so hoch und mit einem so wilden Blick in den Augen, dass Dr. Larry die Kette losließ und die Spritze mit dem Impfstoff in den Sand fallen ließ.

Ich schnellte auf Eden zu, um die Kette abzumachen, und sie landete mit ihrem Huf auf meinem Fuß.

Dr. Larry stand in sicherem Abstand und fluchte. Er war wütend und raunte mir zu, dass ich ihn nie wieder anzurufen brauchte. „Wie alt ist dieses verrückte Pferd eigentlich?", rief er. Ich antwortete ihm und sagte, dass sie dreizehn Jahre alt sei. Er schimpfte weiter und fragte, wie dumm ich sei, dass ich nicht wüsste, dass ein so wildes Pferd in diesem Alter lebensgefährlich sei. „Pferde müssen gebrochen werden, wenn sie zwei Jahre alt sind!", sagte er bissig, als ob es meine Schuld sei, dass dies nicht geschehen war. Dann drehte er sich um und lief mit großen Schritten zurück zu seinem Pick-up. Er drehte noch das Fenster herunter und rief: „Das ist ein gutes Pferd um sich selbst umzubringen!", bevor er das Grundstück verließ und aus unserem Leben verschwand.

Eden stand zitternd auf ihren Beinen und auch meine Knie waren weich geworden. „Das sind sie, was, Eden?", sagte ich leise, während ich mich erschöpft ins Stroh sinken ließ. „Das sind die Menschen, die nicht mit ihren eigenen Unzulänglichkeiten konfrontiert werden wollen. Diese Menschen sind starr und unbeugsam. Sie denken, dass man alles nur auf eine Art und Weise tun kann, nämlich auf ihre eigene. Sie sind nicht offen für andere. Das sind die Menschen, die einen mit ihren großen Füßen überrennen und die einen verurteilen, weil man nicht tut, was sie sagen. Das sind die Menschen, die in ihrem eigenen Gefängnis eingeschlossen sind und andere ihrer Freiheit berauben wollen."

Trotzdem war es Eden wieder gelungen, so jemanden auf Abstand zu halten, und ich war stolz auf sie. Gleichzeitig fühlte ich mich schuldig, weil ich sie vor dieser Erfahrung nicht hatte behüten können.

Ich öffnete meinen Schuh und versuchte, ihn vorsichtig auszuziehen. Glücklicherweise hatte ich gerade in Cowboystiefel mit Stahlkappen investiert, sonst wäre vermutlich nicht viel von meinem Fuß übrig geblieben, auf dem Eden mit voller Wucht gelandet war. Die Stahlkappe war völlig verbogen und ich bekam meinen Fuß nur mit Mühe heraus. Eden senkte den Kopf, schnüffelte an meinem Fuß und leckte ihre Lippen.

„Ich weiß, dass du nichts dafür kannst, Eden", beruhigte ich sie. „Ich bin dir nicht böse, ich hätte mich sofort wehren müssen, als ich merkte, was für ein arroganter Mann er ist. Hätte ich nur den Mut gehabt, ihm zu sagen, dass ich seine Dienste nach dem ersten Eindruck doch nicht in Anspruch nehmen wolle, statt höflich zu bleiben und mich beleidigen zu lassen." Mir wurde bewusst, dass ich noch viel von Eden würde lernen können.

Ich beschloss, so bald wie möglich auf die Suche nach einem anderen Tierarzt zu gehen, den ich diesmal treffen wollte, bevor ich einen Termin mit ihm oder ihr machen würde. Vorläufig schob ich die Impfung aber erst einmal auf die lange Bank. Wenn Eden dreizehn Jahre lang nicht geimpft worden war, machte das eine Jahr auch nicht mehr so viel aus.

Mir wurde klar, dass ich Eden nicht in ein paar Stunden das Vertrauen zu den Menschen zurückgeben konnte. Vielleicht würde es auch niemals richtig klappen.

Ehrlich gesagt wollte ich das auch gar nicht unbedingt. Ich bewunderte Edens selbstbewusstes Verhalten und ihren bedingungslosen Drang, sich selbst treu zu bleiben. Ich wollte nicht, dass sie sich veränderte, ich wollte sie nicht gefügig machen oder zähmen, ich wollte sie nicht zwingen. Was ich wollte war, dass Eden sich in aller Freiheit dafür entscheiden würde, mich in ihrem Leben zuzulassen.

Als ich an diesem Abend im Bett lag, ging mir noch etwas durch den Kopf. Ich fragte mich, ob ein Pferd ein Spiegel für die Menschen in seinem Umfeld sein kann.

Bei Eden bewunderte ich ihre Sensibilität und ihren Freiheitsdrang, wobei Dr. Larry etwas ganz anderes in ihr sah: ein lebensgefährliches, aggressives Pferd. Aber war es nicht seine eigene Aggression, die sich in Eden widerspiegelte? Und war es nicht auch so, dass er seine eigene Aggression nicht wahrhaben wollte und dies dadurch zeigte, dass er Eden abwies? Ich fühlte mich gerade von Edens Sensibilität und der daraus resultierenden Verletzlichkeit besonders angezogen. Ich hatte dies erkannt, es innerlich akzeptiert und hatte einen Platz dafür in meinem Leben gefunden. Darüber nachdenkend fiel ich in einen tiefen Schlaf …

Ich wurde in der Traumwelt, der anderen Realität wach. Ich stand wieder mit nackten Füßen und nur mit meinem Nachthemd bekleidet auf der kleinen Wiese vor dem Haus. Diesmal wartete Eden auf mich.

„Ich möchte dir heute Nacht etwas zeigen", sagte sie leise. „Diesmal werde ich dich führen, ich kenne den Weg. Wir brauchen keine Halfter und keine Stricke, du kannst mir in Freiheit folgen."

Ich lächelte und merkte, wie glücklich ich war, dass ich kein Halfter und keinen Strick bekam. Ich legte meine Hand behutsam auf Edens Rücken, gleich hinter ihren Widerrist, und folgte ihr, während sie langsam in den Wald lief.

Nach einiger Zeit war der Wald im Dunkel der Nacht nicht mehr so deutlich zu sehen. Wir kamen auf eine wunderschöne Weide voll mit saftigem Gras. Dort schien die Sonne und die Vögel zwitscherten. Ich sah, dass noch ein anderes Pferd auf der Wiese stand. Ein Pferd, das größer war als Eden, ein Fuchs mit blonder Mähne und einer weißen Blesse. Ich erkannte sie sofort: Es war Natasha! Ich umarmte sie und streichelte behutsam ihre blonde Mähne. Eden verschwand aus meinem Gesichtsfeld und graste ruhig an einer anderen Stelle der Wiese.

„Ja, Nanda, ich bin's. Eden hat dich zu mir gebracht", hörte ich Natasha mit leiser Stimme sagen.

„Oh Natasha", seufzte ich, „ich vermisse dich so."

„Aber ich bin immer bei dir", sagte Natasha ruhig. „Immer, wenn du dich mit Eden verbindest und unsere Wirklichkeit betrittst, verbindest du dich auch mit mir. Das ist die Verbundenheit aller Lebewesen."

Ich erinnerte mich daran, wie oft sie schon versucht hatte, mir das zu erklären, und wie ich es doch immer wieder vergaß. Die Aufgabe der Pferde, Menschen an die Verbundenheit und die andere Wirklichkeit zu erinnern, war nicht einfach.

„Eden hat dich zu mir gebracht, weil ich dir etwas erklären möchte", sprach Natasha weiter. „Das, worüber du nachgedacht hast, stimmt. Wir Pferde spiegeln tatsächlich den Menschen. Der Mensch sieht sich in diesem Spiegel so, wie er wirklich ist. Es ist der Spiegel der Seele, den wir dem Menschen vorhalten. Alles, was du in Eden siehst, siehst du in Wirklichkeit in dir. Die Dinge, mit denen du dich verbunden fühlst, sind die Bereiche bei dir selbst, die schon geheilt sind. Das, was du bewunderst, sind die Bereiche, an denen du noch arbeiten willst."

„Aber ist dann jedes Pferd ein Spiegel für den Menschen?", fragte ich.

„Im Prinzip schon", erklärte Natasha. „Aber nicht alle Spiegel sind gleich deutlich, die Schärfe des Spiegelbilds variiert. Manche Spiegel sind auch so zerbrochen, dass man nichts mehr in ihnen sehen kann."

„Meinst du damit, dass sie vom Menschen zerbrochen worden sind?", fragte ich, während ich darüber nachdachte, wie ironisch es eigentlich ist, dass man das Einreiten eines Pferdes im Englischen *breaking* nennt.

„Ja", antwortete Natasha, „wenn ein Mensch eine Lüge lebt und sich selbst nicht so akzeptiert, wie er ist, dann ist es unangenehm, in den Spiegel zu schauen. Diese Menschen haben das Bedürfnis, ihren Spiegel zu zerbrechen oder gar fortzuwerfen. Später haben sie mit dem nächsten Spiegel genau dasselbe Problem."

„Warst du auch ein zerbrochener Spiegel?", fragte ich Natasha vorsichtig.

„Nein, nicht völlig zerbrochen", beruhigte sie mich. „Es gibt mehr Dinge, die beim Spiegeln eine Rolle spielen, wie zum Beispiel rassetypische Eigenschaften. Araber sind eine sehr ursprüngliche und pure Rasse, die auch sehr klar spiegelt. Auch die individuellen Charaktereigenschaften des Pferdes spielen eine große Rolle. Ich habe einen anderen Charakter als Eden, ich lasse die Dinge eher einfach geschehen. Ich bin angepasster und nachgiebiger, genau so, wie du in der Zeit auch warst. Trotzdem wehrte ich mich gegen Dinge, die sich nicht gut anfühlten und die dadurch auch für dich nicht gut sein konnten.

Mein Widerstand war nur nicht so konfrontierend wie der von Eden, er kehrte sich mehr nach innen. Das äußerte sich dann darin, dass ich beim Springen lahm ging, weshalb du keine Turniere mehr reiten konntest. Genau so, wie du in der Zeit Kopfschmerzen oder Schmerzen in den Knien bekamst, wenn du etwas getan hast, was du eigentlich nicht tun wolltest."

Ich lächelte verständnisvoll und fragte Natasha, ob Pferde grundsätzlich keine Turniere mögen.

„Oh nein", versicherte sie mir. „Manche Pferde finden das herrlich, sie leben dafür. Aber es war nicht unser Weg, nicht dein Weg. Ich wollte dir ja gerade beibringen, dich unabhängiger von dem Urteil und der Wertschätzung anderer zu machen. Ich wollte dir auch beibringen, auf mich zu hören, statt das Gegenteil zu erwarten." Natasha schwieg.

„Ich bin so froh, dass dir das gelungen ist", flüsterte ich leise.

So standen wir eine Zeit lang ganz still beieinander, obwohl es noch so viel gab, was ich wissen wollte.

„Natasha, kannst du mir vielleicht erklären, warum Eden in mein Leben gekommen ist?", fragte ich weiter.

„Ich habe die Nanda gespiegelt, die du warst, und Eden spiegelt die Nanda, die du bist", war Natashas Antwort. „Ich durfte zu deiner Veränderung beitragen. Du bist gewachsen und es war meine Aufgabe, dich auf das vorzubereiten, was Eden dir beibringen will. Früher warst du noch nicht weit genug, um mit Eden zu arbeiten. In dieser Zeit hattest du bestimmte Teile von dir noch nicht entdeckt und akzeptiert. Edens Spiegelungen hätten dich damals vielleicht auch zur Verzweiflung getrieben oder jedenfalls Kummer oder Gereiztheit bei dir verursacht.

Als du dich entschieden hast, aus dem Gewohnten auszubrechen und dich sichtbar gegen alles zu wehren, was dir von außen auferlegt wurde, warst du bereit für das, was du bei Eden lernen kannst. Du hattest dich dafür entschieden, um jeden Preis frei zu sein und unter allen Umständen ganz du selbst zu sein. Dadurch hast du ein Pferd angezogen, das genau so ist."

„Bist du dir sicher, dass ich jetzt wirklich so weit bin, dass ich von Eden lernen kann?", fragte ich vorsichtig. „Was will sie mir denn genau beibringen?"

„Eden ist ein Pferd, das sich, so wie du bereits gemerkt hast, zu nichts zwingen lässt", erklärte Natasha. „Sie tut nichts, was andere von ihr verlangen, sondern nur das, wofür sie sich selbst ganz bewusst entschieden hat. Wenn sie etwas tun will, dann tut sie dies auch mit ganzem Herzen. Sie ist eine freie Seele, die sich von nichts und niemandem einschränken lässt. Das ist ihre Botschaft an dich."

Emotionale Balance

„Wir Pferde wissen außerdem immer um die tieferen Gefühle des Menschen. Edens Vertrauen wurde durch Menschen, die sich ihrer selbst nicht bewusst waren und die bestimmte Gefühle unterdrückten und verleugneten, schwer zerstört. Sie wird dir erst dann vertrauen können, wenn sie sich sicher sein kann, dass du emotional in Balance bist. Sie wird dir helfen, die tieferen Lagen in dir selbst zu erkennen."

Obwohl ich jetzt noch mehr Fragen hatte als vorher, merkte ich, dass Natasha dieses Gespräch beenden wollte. Es gab aber noch etwas anderes, was sie mir erzählen wollte.

„Marijke möchte gern, dass ich ein Fohlen bekomme", begann sie. „Sie ist sich aber nicht sicher, ob das gut für mich ist, weil ich schon einundzwanzig bin. Kannst du ihr sagen, dass ihr Gefühl richtig ist? Es gibt tatsächlich ein Fohlen, das durch mich geboren werden will. Marijke hat eine Verbindung zu diesem Fohlen, das noch aus einem vorigen Leben stammt. Es ist Teil meiner Aufgabe, dieses Fohlen wieder mit Marijke zu vereinigen. Für mich persönlich wäre es außerdem gut, einmal zu erfahren, wie es ist, Mutter zu sein."

Ich versprach, ihre Botschaft an Marijke weiterzugeben. Gleichzeitig – und dafür schämte ich mich eigentlich – machte es mich traurig und sogar ein bisschen neidisch. Marijke würde also zusammen mit Natasha die Trächtigkeit und Geburt miterleben. Ich gönnte es ihr von Herzen, aber ich hätte es mir auch so sehr gewünscht …

Ohne dass ich diese Gedanken ausgesprochen hatte, verstand Natasha, wie ich mich fühlte.

„Hör zu, Nanda", sagte sie. „So wie Marijke eine Verbindung zu dem ungeborenen Fohlen hat, so hast du eine Seelenverbindung mit mir. Ich habe nicht mehr so lange zu leben. Einige Zeit, nachdem mein Fohlen geboren wurde, werde ich sterben. Durch Eden werde ich dann neu geboren und damit wieder zu dir kommen. Alles ist miteinander verbunden, Nanda. Es gibt keinen Grund, traurig zu sein, und schon gar nicht, neidisch zu sein, denn das Universum ist vollkommen."

Ich sah, dass Eden wieder langsam auf uns zukam. „Komm, ich bringe dich zurück nach Hause", sagte sie.

Ich legte meine Hand auf ihren Rücken und im selben Moment wurde ich wach. In meinem eigenen Bett und in der alltäglichen Wirklichkeit.

Am nächsten Tag rief ich gleich Marijke an und fragte sie, ob sie plane, Natasha decken zu lassen.

Marijke erzählte mir, dass es tatsächlich ihr großer Wunsch sei, dass Natasha ein Fohlen bekommen sollte, aber dass sie dabei auch ihre Bedenken hatte.

„Schließlich ist sie schon einundzwanzig und hat noch nie ein Fohlen gehabt", seufzte sie. „Ich darf gar nicht daran denken, dass etwas mit ihr passieren könnte."

Ich erzählte Marijke von meinem Traum und berichtete ihr, dass es ein Fohlen gab, das bei ihr geboren werden wollte. Ich erzählte auch, dass Natasha gern Mutter werden wollte und dass sie es als ihre Aufgabe betrachtete, dieses Fohlen mit Marijke zu vereinigen.

Die Entscheidung, Natasha decken zu lassen, wurde bald getroffen.

Ich verschwieg Marijke, dass Natasha nicht mehr so lange leben würde. Wie lang war „nicht mehr so lang"? Ein Jahr? Zwei Jahre? Ich wusste es nicht und wollte Marijke nicht unnötig mit solchen Informationen belasten.

Nach dem Telefongespräch ging ich zum Paddock, um Eden ihr Halfter anzulegen. Das wurde immer leichter, je mehr Edens Vertrauen wuchs. Ich befestigte ein langes Seil an ihrem Halfter und führte sie in den Wald, um mit ihr einen Spaziergang zu machen. Anfangs hatte ich sie immer auf die Weide geführt, um sie grasen zu lassen. Danach hatte ich in der Bahn Führübungen mit ihr gemacht. Ich hatte ihr beigebracht, mir an einem durchhängenden Führstrick über Stangen, Folie und andere Hindernisse zu folgen. Als das alles kein Problem mehr war, spazierten wir zusammen durch den Wald, der direkt bei unserem Haus lag, und jetzt war es Zeit, zusammen durch die Natur zu streifen.

Ich achtete darauf, dass sich das Seil nicht spannte, sondern immer in einem lockeren Bogen hängen blieb. Auf diese Weise war das Führseil kein Zwang, sondern nur eine sanfte Verbindung. Wenn Eden stehen blieb, schwang ich das Ende des Stricks in die Richtung ihrer Hinterhand. So konnte ich ihr zeigen, was ich von ihr wollte.

Dann wartete ich, bis Eden selbst Anstalten machte, vorwärtszugehen. Es ist nur ein kleiner Unterschied zu der üblichen Art, Pferde zu führen, trotzdem liegt der Unterschied zwischen der natürlichen und der konventionellen Methode in solchen augenscheinlich kleinen Dingen.

Es geht nicht so sehr um das, was man tut, sondern eher um die Einstellung, mit der man etwas tut, und die Intention, die bestimmt, ob das Pferd Freiheit oder Zwang erlebt.

Bevor ich mit Eden arbeitete, sorgte ich immer dafür, dass ich selbst völlig in Balance war. In dieser entspannten Ausgangssituation konnte ich mich ganz für sie öffnen und in ihrer Wirklichkeit versinken. Ich konnte fühlen, was in ihr vorging, und war in der Lage, mich darauf einzustellen. Eden fühlte, dass ich emotional in Balance war, und das gab ihr Ruhe und Vertrauen. In Gedanken machte ich ihr immer wieder deutlich, dass ich nichts von ihr erwartete. Mein einziger Wunsch war es, die Natur und unser Zusammensein zu genießen. So spazierten wir stundenlang durch die Wälder. Manchmal mussten wir uns bücken, wenn tief hängende Zweige den Weg versperrten, oder über umgefallene Baumstämme steigen oder springen. Es gab kleine Flüsse mit schneller Strömung, die wir überqueren mussten, und große Pfützen, durch die wir waten mussten, um unseren Weg gehen zu können. Wir kletterten Abhänge hoch und wieder hinunter und liefen vorsichtig an steilen Abgründen vorbei.

Ich lief immer voraus und zeigte Eden, dass ich keine Angst hatte. Eden folgte mir, und ihr Vertrauen in mich und in sie selbst wuchs stetig. Als wir auf einer schönen Lichtung angekommen waren, ließ ich sie grasen. Ich setzte mich auf einen umgefallenen Baumstamm und genoss die Sonne. In Gedanken schweifte ich ab in vergangene Zeiten, die Zeit mit Natasha. Auch damals hatte ich meine Gedanken immer wieder auf mein Pferd projiziert, so wie ich es jetzt mit Eden tat. Der Unterschied war aber, dass meine Gedanken in dieser Zeit nicht immer im Gleichgewicht und in Harmonie waren. Es waren die Gedanken meines Egos und meiner Persönlichkeit (dem Teil, der sich nicht der Verbindung mit allem bewusst ist), die ich auf sie projiziert hatte. Ich zwang ihr meinen Willen auf und hatte die Leistung als Ziel. Ich brachte sie in meine Wirklichkeit statt andersherum. Nachdem Natasha lahm geworden war, hatte ich die Turniere aufgeben müssen. Erst danach lernte ich, mich ihr zu öffnen und ihr zuzuhören. Und ich erkannte, dass es viel befriedigender war, mich von Natasha in ihre Wirklichkeit führen zu lassen. Eine Wirklichkeit, in der alles verbunden und heil ist, statt aus vielen Einzelteilen zu bestehen.

Meine Gedanken waren immer noch nicht ständig in Harmonie, aber immer wenn ich Natasha mit der offenen Grundhaltung ritt, brachte sie mich wieder ins Gleichgewicht. Ich fühlte dann, wie meine negative Energie durch Natasha hindurch zurück in die Erde strömte.

Wenn ich Probleme hatte, lösten sich diese während des Reitens von selbst. In Natashas Wirklichkeit war alles miteinander verbunden, und dadurch lernte ich, die Dinge umfassender zu betrachten. Auf diese Weise hatte mich Natasha Stück für Stück geheilt.

Bei Eden war es auch so, dass ich meine Gedanken auf sie projizierte. Ich brachte sie wieder in meine Wirklichkeit, wenn sie von den Traumas und Ängsten ihrer Vergangenheit eingeholt wurde. Der Unterschied zu früher war, dass meine Gedankenwelt jetzt harmonischer und mehr im Gleichgewicht war. Dadurch war ich in der Lage, Eden allmählich zu heilen und sie ihrem wahren Selbst immer näher zu bringen.

Ich entdeckte plötzlich, wie Natasha mich vorbereitet hatte, sodass ich mit Eden arbeiten konnte. Ich war ihr dafür zutiefst dankbar.

In der kommenden Zeit ging ich mit Eden so oft in die freie Natur, wie ich nur konnte. Die vielen Tage, die wir auf diese Weise zusammen erlebten, waren die Basis, auf der wir weiter aufbauen konnten. Erst danach fingen wir mit der freien Arbeit in der Reitbahn an. Während unserer Spaziergänge in der Natur hatte Eden gelernt, mir überallhin zu folgen, aber ich wollte nicht, dass sie immer nur die Folgende blieb. Ich wollte sie jetzt zu größerer Selbstständigkeit anspornen und sie stärker und mutiger machen. Ich ließ Eden nun vorauslaufen, während ich schräg hinter ihr lief. Ohne Führseil, aber mit konstanter mentaler Verbindung schickte ich sie in die Richtung, in die ich gehen wollte. Um meine Absichten zu verdeutlichen, benutzte ich Handzeichen und meine Körpersprache.

Man kann es mit einer Mutter vergleichen, die mit ihrem Kind spazieren geht. Erst nimmt sie es an die Hand, später setzt sie sich auf eine Bank auf dem Spielplatz und ermutigt das Kind, selbstständig Dinge auszuprobieren. Ihr Kind ist zu Beginn noch unsicher und läuft häufig zu seiner Mutter oder schaut sich nach ihr um. Nach und nach wird es mehr Selbstvertrauen entwickeln und schließlich selbstständiger werden. Genau so war es auch bei Eden.

Eines Tages arbeitete ich mit ihr im Roundpen, als in der Nähe ein Gewehrschuss zu hören war. Im Wilden Westen ist das zwar nicht unüblich, trotzdem erschreckte sich Eden sehr. Sie hatte diesmal aber nicht den schon bekannten Schleier vor Augen und flüchtete auch nicht. Stattdessen kam sie zu mir und legte ihren Kopf auf meine Schulter. Ich streichelte und beruhigte sie. Mir wurde klar, dass ich nicht länger eine Bedrohung für sie darstellte, sondern ihr sicherer Hafen geworden war. Dies war ein Wendepunkt in unserer Beziehung.

Es veränderte sich aber noch mehr. Als Eden zu mir kam, war sie nicht nur verwahrlost, es war auch deutlich zu erkennen, dass sie einen niedrigen Platz in der Rangordnung einnahm. Sie strahlte erschreckend wenig Selbstvertrauen aus. Durch alle Liebe und Aufmerksamkeit, die ich ihr schenkte, und durch die Übungen, die wir machten, sah ich sie im wahrsten Sinne des Wortes wachsen. Eden lief anders als früher und strahlte immer mehr Stolz aus. Sie bog ihren Hals und trug ihren Schweif hoch in der Luft. Sie tanzte über die Wiese und schien ein völlig anderes Pferd zu werden. Ich vermutete sogar, dass ihre ehemalige Besitzerin sie gar nicht mehr erkennen würde. Immer wieder hatte Eden sich bewusst dazu entschieden, ihre Ängste zu überwinden, und mit jedem Sieg war ihr Selbstvertrauen gewachsen. Sie war stolz auf sich selbst, und das konnte man gut erkennen!

Leben wie eine Leitstute

Edens wachsendes Selbstvertrauen hatte allerdings auch eine Kehrseite. Als ich wieder einmal mit ihr im Roundpen arbeitete, bat ich sie, die Richtung zu wechseln. Sie hatte bisher immer getan, was ich wollte, aber jetzt sah ich in ihren Augen, dass sie überhaupt nicht mehr tun wollte, worum ich sie bat. Sie drehte sich plötzlich in meine Richtung, machte sich groß und stieg weit über meinen Kopf hinaus. Ich wich instinktiv zurück. Im nächsten Moment stürmte sie mit gefletschten Zähnen und flach angelegten Ohren geradewegs auf mich zu.

Ich weiß nicht mehr, wie ich es geschafft habe, aber ich war blitzschnell aus dem Roundpen heraus. Als ich sicher auf der anderen Seite des Zaunes stand, sah ich, wie Eden als die große Siegerin durch den Roundpen trabte. Sie schwebte fast und wirkte größer und schöner als je zuvor. Ab und zu blieb sie stehen, schaute um sich und wieherte laut. Ihr Wiehern war ganz anders als das, was ich bisher von ihr kannte. Ich hatte beinahe den Eindruck, dass sie mich auslachte. Ich erinnerte mich daran, dass Kyle gesagt hatte, dass man einen natürlichen Pferdetrainer an seinem Lächeln erkennt. Mir war das Lachen vergangen. Jetzt war es Eden, die ihren Spaß hatte …

Mir wurde bewusst, dass es an der Zeit war, erst Abstand zu gewinnen und darüber nachzudenken, wie ich mein Lächeln zurückgewinnen konnte. Ich ging mit dem Gefühl des Verlierers zurück ins Haus. Bei einer heißen Tasse Tee fiel mir ein, dass Kyle mit Quarter Horses ganz anders umgegangen war. Die jungen Pferde, die zu ihm ins Training kamen, waren zwar wild, aber im Gegensatz zu Eden nicht traumatisiert. Die Methoden, die Kyle anwendete, waren zwar natürlich, aber auch ziemlich hart. Zum Beispiel zeigte er den Pferden im Roundpen erst einmal wortwörtlich ihren Platz. Genauso, wie der Leithengst dies in der Herde tun würde, zeigte Kyle, wer der Boss war. Er bestimmte, wo das junge Pferd stehen durfte. Er schwang einen langen Strick, um Raum einnehmen zu können, und setzte das Pferd immer mehr unter Druck. Das Pferd musste gut aufpassen, dass es außerhalb der Reichweite des Strickes blieb, und konnte schließlich nirgendwo mehr hin.

Wenn das Pferd zeigte, dass es seine untertänige Position akzeptierte (indem es den Kopf senkte, seine Lippen leckte und eventuell sogar Kaubewegungen machte), konnte sich Kyle ihm vorsichtig nähern. Das Pferd wollte ihm daraufhin überallhin folgen, weil es Kyle als seinen Herdenführer betrachtete.

Ich hatte diese Methode von Kyle gelernt und konnte inzwischen auch selbst damit Pferden gut ihren Platz zeigen. Trotzdem hatte ich diese Methode bei Eden bewusst nicht angewendet. Eden war jahrelang in die entfernteste Ecke der Wiese geflüchtet, wenn sie einen Menschen sah. Sie hatte es nicht nötig, ihren Platz angewiesen zu bekommen. Ich wollte sie nicht von mir wegjagen, ich wollte eher, dass sie aus ihrem Schneckenhaus herauskam. Alle Übungen, die ich mit ihr gemacht hatte, hatten das Ziel, sie stärker und selbstbewusster zu machen, sodass sie sich traute, mehr Platz zu beanspruchen.

Das war mir offensichtlich gelungen. Sie hatte nun so viel Vertrauen in sich selbst und in mich, dass sie sich getraut hatte, nach der Macht zu greifen.

Inzwischen hatten wir auch zwei Shetlandponys. Eines davon war der hochbetagte Wallach Bullet. Bullet durfte seine alten Tage bei uns verbringen, weil er sonst geschlachtet worden wäre. Das andere Pony war Jasmine, eine halb blinde Stute, die ich unter erbärmlichen Umständen auf einer Versteigerung gefunden hatte.

Bullet war unser erstes Shetlandpony und er hatte nach Eden auch die ältesten Rechte. Es war erkennbar, dass Eden die Leitstute war, aber Bullet stellte dies regelmäßig infrage. Er mochte zwar klein und alt sein, aber er hatte eine solide Ausstrahlung. Es fiel mir immer wieder auf, dass Eden ihm fast nie seinen Platz zuwies, sondern ihm eher alle Freiheit zugestand.

Als Jasmine einige Monate später zu uns kam, überraschte der alte Bullet uns alle damit, dass er sich ihr gegenüber deutlich behauptete. Er war dann vielleicht nicht der Anführer der Herde, trotzdem wollte er Jasmine zeigen, dass er in der Rangordnung über ihr stand. Er jagte die arme Stute über die ganze Weide und ließ sie an keiner Stelle länger als ein paar Sekunden verschnaufen. Er stieg, trat aus, bockte und biss nach ihr.

Eden schaute sich das ganze Spektakel an, zeigte sich aber über diese Art der Kommunikation weit erhaben. Sie war die Chefin der Herde und fühlte sich in ihrer Position in keinster Weise bedroht. Als Bullet nicht aufhörte, sein Machoverhalten zu zeigen, griff Eden nach einiger Zeit aber doch ein. Ein echter Herdenanführer weiß, dass diese Rolle auch Verantwortlichkeiten mit sich bringt, und so beschützte Eden die kleine Jasmine vor Bullet. Sie ließ sich nicht zu dem gleichen Verhalten wie Bullet herab, sondern blieb ausgesprochen ruhig und beherrscht. Erst machte sie sich ganz groß, dann ging sie geradewegs auf Bullet zu. Sie dirigierte ihn in die Ecke der Weide und blieb dort bewegungslos stehen. Sie fixierte sich völlig auf Bullet, zeigte aber keine Spur von Aggression oder Gereiztheit.

Während des restlichen Tages sorgte sie dafür, dass Bullet in der Ecke stehen blieb. Als sie Stunden später ihre Position verließ, hatte Bullet seine Lektion gelernt und ließ den Neuankömmling in Ruhe. Durch seine Reaktion hatte Bullet gezeigt, dass er sich innerlich seiner Position gar nicht so sicher war, während Eden durch ihre Vorgehensweise just bewiesen hatte, dass sie die unangefochtene Anführerin der Herde war.

Als Eden im Roundpen auf mich zugestürmt war, hatte sie sich genauso verhalten wie Bullet. Sie war ziemlich aggressiv gewesen und hatte dadurch verraten, dass sie sich ihrer Sache eigentlich gar nicht so sicher war. Um Eden wirklich zu beeindrucken und ihr zu zeigen, dass ich die Anführerin unserer Herde bin und bleibe, musste ich also selbst innerlich völlig überzeugt davon sein. Diese Überzeugung musste ich dann mit so wenig Anstrengung und Machtdemonstration wie möglich ausstrahlen. Ich dachte an das zurück, was Natasha im Traum gesagt hatte: „Es stimmt, was du denkst, wir Pferde spiegeln tatsächlich den Menschen. Der Mensch sieht sich selbst im Spiegel, so wie er wirklich ist. Es ist der Spiegel der Seele, den wir dem Menschen vorhalten. Alles, was du in Eden zu sehen glaubst, ist in Wirklichkeit in dir. Das, was du bewunderst, sind die Dinge in dir selbst, an denen du weiter arbeiten willst."

Bis jetzt hatte ich vor allem Mitgefühl mit Eden gehabt, jetzt aber spürte ich eine tiefe Bewunderung für sie. Das hässliche Entlein hatte sich in einen Schwan verwandelt und statt der leidenden Stute war sie nun die leitende Stute geworden. Die Zeit war gekommen, um an meinem eigenen Selbstvertrauen zu arbeiten. Ich musste ihr zeigen, dass ich es noch immer wert war, dass man mir folgte.

Als ich am nächsten Tag den Roundpen betrat, konnte ich an Edens Haltung schon sehen, dass sie nicht vorhatte, ihre gerade gewonnene Position wieder aufzugeben. Sie trabte mit gebogenem Hals und stolz erhobenem Schweif durch den Roundpen. Eigentlich tanzte sie und war offensichtlich sehr von sich überzeugt. Ab und zu blieb sie stehen und schnaubte hörbar mit weit geöffneten Nüstern. Sie zeigte kein Interesse an der Umgebung und schien nichts und niemanden wahrzunehmen. Auch mir schenkte sie keinerlei Aufmerksamkeit und ihre gesamte Haltung schien eine deutliche Aussage zu haben: „Schau, was für ein tolles Pferd ich bin. Ich bin eine richtige Anführerin. Ich fühle mich wie der Mittelpunkt des Universums und bin auch der Mittelpunkt dieses Roundpens. Ich verdiene Respekt, weil ich bin, wie ich bin. Wer will, kann mir folgen, aber ich selbst bin nicht mehr länger folgsam. Ich habe meine innere Kraft gefunden."

Diesmal war ich allerdings vorbereitet. Auch ich machte mich groß, schwang mein Seil um mich herum, um Raum zu beanspruchen, und begann stolz durch den Roundpen zu schreiten. Ich ignorierte sie völlig und konzentrierte mich ausschließlich auf das Einnehmen meines eigenen Raums, als ob es niemand anders auf der Welt gäbe, und schon gar nicht in diesem Roundpen. Ich merkte, wie Eden bewegungslos stehen blieb und mir mit großen, erstaunten Augen nachschaute. Ich bekam immer mehr Spaß an dieser Situation und spürte, wie sich meine Mundwinkel langsam wieder zu einem Lächeln kräuselten.

Ich begann zu hüpfen und zu springen ... und vor Freude zu tanzen. Als Eden mir dann auch noch wegen meiner verrückten Aktionen Platz machen sollte, reagierte sie gereizt. Sie warf ihren Kopf auf die Seite, wie es Araber oft tun, wenn sie sich über etwas ärgern. Heute lief es gar nicht so, wie sie es sich vorgestellt hatte. Als sie nach einiger Zeit den Kopf senkte und über ihre Lippen leckte, um zu zeigen, dass sie den Streit aufgab, erwachte auch wieder das Lächeln in meinem Gesicht. Eden begann zu kauen, dass es eine Freude war.

„Schau mich doch an", schien sie zu sagen. „Ich bin auch noch da. Ich habe jetzt gesehen, dass du die Stärkere bist. Darf ich dir bitte wieder folgen?"

Ich ging langsam auf sie zu und streichelte sie mit aller Liebe, die ich in mir hatte. Oh, was liebte ich diese kleine Stute doch, mit ihrem Schmerz und ihrem Stolz. Alles an ihr erfüllte mich mit Liebe und Bewunderung.

„Es ist gut, Eden", sagte ich. „Du darfst mir wieder folgen, sehr gern sogar."

Ohne Führstrick folgte sie mir aus dem Roundpen heraus in die angrenzende Reitbahn. Ich sprang über einige Hindernisse und Eden sprang hinter mir her. Ich lief im Zickzack zwischen einigen Stangen hin und her und Eden tat es mir nach. Ich stand urplötzlich still und ging rückwärts; Eden kam kaum nach mit dem Rückwärtsrichten. Ich drehte mich im Kreis und Eden drehte sich mit mir mit.

Nach einiger Zeit führte ich sie zurück auf die Weide. Dort warteten ihre kleinen folgsamen Anhänger Bullet und Jasmine schon auf sie.

Verbundenheit

Natürliches Pferdetraining basiert auf zwei Pfeilern: Vertrauen und Respekt. Beide sind gleich wichtig, und wenn ein Pferd schon als Fohlen gut behandelt wird, wird es mit drei Jahren genauso viel Vertrauen in den Menschen wie Respekt vor dem Menschen entwickelt haben. Die jungen Pferde, die zu Kyle ins Training kamen, hatten beinahe keinen Kontakt zu Menschen gehabt, hatten aber auch keine negativen Erfahrungen mit ihnen gemacht. Sobald sie merkten, dass man keine Bedrohung für sie darstellte, entwickelte sich schnell ein Basisvertrauen, weil Pferde von Natur aus nicht misstrauisch sind. Wenn man ihnen anschließend im Roundpen zeigen konnte, dass man bestimmte, wo sie stehen durften, bekam man außerdem eine respektvolle Basis, die es einem ermöglichte, die Pferde bald an den Sattel zu gewöhnen.

Edens Situation war ganz anders. Sie hatte ihre Unbefangenheit den Menschen gegenüber vor langer Zeit verloren. Ich hatte erst jetzt das Gefühl, dass sie das Niveau der jungen Pferde erreicht hatte, die ich bei Kyle trainiert hatte.

Obgleich ich es nicht zu meinem Ziel erheben wollte, hoffte ich natürlich, dass ich Eden eines Tages würde reiten können. Ich wollte jetzt damit beginnen, sie darauf vorzubereiten. Sie hatte sich inzwischen an meine Berührungen gewöhnt, aber jeder neue Gegenstand erschreckte sie noch immer. Um einen Sattel und später einen Reiter auf ihrem Rücken akzeptieren zu können, musste sie erst weniger empfindlich werden.

Amerikanische Pferdetrainer nennen den Prozess, der Pferde unempfindlicher für Reize macht, *desensitizing*. Auf Deutsch heißt es Desensibilisierung. Ein durchschnittliches Pferd, das regelmäßig gestreichelt und gebürstet wird und vielleicht manchmal eine Decke trägt, wird automatisch weniger empfindlich und braucht keine oder nur wenig Desensibilisierung. Für ein Pferd, das kaum mit Menschen in Kontakt gekommen ist, ist es jedoch unerlässlich. Außerdem kann Desensibilisierung, wenn sie in Freiheit geschieht, zum weiteren Aufbau des Vertrauensbandes zwischen Pferd und Trainer beitragen. Der erste Gegenstand, für den ich Eden desensibilisieren wollte, war die Satteldecke. Ich hielt Eden an einem langen Strick, während ich die Satteldecke auf ihren Rücken legte. Eden sprintete augenblicklich in Panik davon und ich gab ihr dazu die Gelegenheit. Sie zurückzuhalten würde Zwang bedeuten, und damit würde ich mein Ziel, ihr Vertrauen in mich zu vergrößern, verfehlen. Ich ließ sie rennen, hielt sie aber auf einem kleinen Zirkel, sodass ich die Satteldecke wieder auf ihren Rücken legen konnte. Mit meiner ganzen Haltung strahlte ich meinen Wunsch aus, dass sie bei mir bleiben und ruhig stehen bleiben sollte. Ich machte mich klein und wandte mich ein wenig von ihr ab. Außerdem hielt ich mentalen Kontakt mit ihr und visualisierte ununterbrochen, dass sie mit der Satteldecke auf ihrem Rücken ruhig stehen blieb.

„Es ist gut, mein Mädchen. Es ist nur eine Satteldecke, nichts, wovor du Angst haben musst. Ruhig … ganz ruhig."

Eden zeigte anfangs keinerlei Intention, ruhig stehen zu bleiben. Sie wollte nur weg von dem unheimlichen und unbekannten Ding. Nach einer Weile begann sie aber vom Herumlaufen auf dem kleinen Zirkel müde zu werden. Außerdem schien sie zu merken, dass es ihr nicht gelingen würde, die Satteldecke loszuwerden; ich legte sie nämlich immer wieder auf ihren Rücken. Was sie offensichtlich auch so langsam merkte war, dass die Satteldecke vielleicht doch nicht so gefährlich war, wie sie dachte, denn sie lebte schließlich immer noch. Und so kam schließlich der Moment, in dem Eden, schweißnass und zitternd vor Angst und Anspannung, völlig freiwillig stehen blieb, während ich die Satteldecke auf ihren Rücken legte. Ich lobte sie überschwänglich und beendete die Übung sofort. Auf diese Weise hatte Eden das Problem mit der Satteldecke, nicht mit mir. Weil ich ruhig blieb und sie zu nichts zwang, lernte sie, dass sie mir vertrauen konnte. Am nächsten Tag dauerte es gar nicht mehr so lange, bis sie stehen blieb.

Eden hatte große Angst davor, zu etwas gezwungen zu werden, so wie es in ihrer Vergangenheit so oft geschehen war. Sobald sie auch nur ein wenig das Gefühl bekam, dass sie etwas tun musste, stand sie sofort (oft im wahrsten Sinne des Wortes!) auf ihren Hinterbeinen. Auch in dieser Hinsicht war sie mir ähnlich. Wenn mir jemand sagt, dass ich etwas tun muss, ist meine Standardantwort, dass ich erst einmal gar nichts muss. Wahrscheinlich wäre ich bereit, es zu tun, wenn ich freundlich gefragt würde, aber nicht, wenn es sein muss. Manchmal fragen Menschen etwas sehr freundlich, aber man fühlt, dass sie ein Nein nicht akzeptieren würden. In einer solchen Situation spürt man noch immer Zwang.

Auch für Eden war das so: Ich musste ihr körperlich einen Ausweg zeigen (indem ich ihr die Möglichkeit gab, wegzurennen), aber ich musste ihr auch emotional diesen Ausweg geben (indem ich keine Erwartungen an sie hatte). Ich ließ sie spüren, dass ich gern wollte, dass sie ruhig stehen blieb, aber dass ich es ihr auch nicht übel nehmen würde, wenn sie sich entschied, weiter wegzurennen.

Es ist wichtig, mit einem Pferd, das Angst vor einem Gegenstand hat, nicht übertrieben vorsichtig umzugehen. Wenn man das tut, bestätigt man nur die Angst des Pferdes. Wenn man selbst ruhig und gelassen bleibt, zeigt man, dass es wirklich keinen Grund gibt, Angst vor etwas zu haben. Mit der Satteldecke wurde ich immer weniger vorsichtig. Ich wedelte damit und legte sie auf Edens Kruppe oder auf ihren Hals. Dann klopfte ich ihren Körper mit einem aufgerollten Lasso ab (das macht ein klatschendes Geräusch und die Berührung ist ziemlich fest), bis sie ruhig stehen blieb. Auf diese Weise gewöhnte ich sie an allerhand Gegenstände: Regenjacken, Müllbeutel, Seile und schließlich an den Sattel.

Ich hätte Eden nicht zu einem früheren Zeitpunkt desensibilisieren können, aber in diesem Moment des Trainings klappte es hervorragend und verstärkte ihr Vertrauen in mich.

Ein bestimmtes Maß an Unempfindlichkeit mag dann wohl erforderlich sein, damit man ein Pferd überhaupt reiten kann; aber ich wollte auf keinen Fall, dass Eden unsensibel werden würde. Ich wollte, dass sie lernt, bestimmte Reize zu ignorieren, damit sie nicht in Panik geraten würde, wenn der Steigbügel ihren Bauch berührte oder wenn meine Regenjacke im Wind wehte. Auf der anderen Seite wollte ich, dass sie so sensibel wie möglich für meine Signale werden würde, um auf äußerst subtile Hilfen zu reagieren.

Den Prozess, bei dem Pferde immer sensibler für Signale werden, nennt man in Amerika *sensitizing*. Auf Deutsch heißt dies Sensibilisierung.

Man beginnt mit einem sehr feinen Signal, das man langsam und stetig aufbaut, bis das Pferd versteht, was man meint. Wenn man darin sehr konsequent ist (und häufig übt!), wird das Pferd schließlich auf subtile Signale reagieren.

Um Eden zum Beispiel rückwärtsgehen zu lassen, stellte ich mich aufrecht vor sie und konzentrierte mich darauf, meinen Raum einzunehmen. Dann dirigierte ich sie mit einer leichten Handbewegung nach hinten. Anfänglich verstand sie natürlich nicht, was ich von ihr wollte. Ich ging dann entschlossen auf sie zu und drückte meine Finger auf ihre Brust, aber auch darauf reagierte sie noch nicht. Als nächsten Schritt fasste ich ihr Halfter an und tippte mit dem Führstrick rhythmisch auf ihre Brust, bis sie verstand, was ich von ihr wollte, und rückwärtsging.

Dadurch, dass ich diese Reihenfolge konsequent einhielt, wurde Eden schon aufmerksam, wenn ich bewusst meinen Raum einnahm. Schon bei der Handbewegung ging sie zurück. Sie wusste, was passieren würde, und wartete die unvermeidbaren weiteren Schritte nicht mehr ab. Nach einiger Zeit konnte ich sie mit einfachen Handbewegungen in alle Richtungen schicken.

Diese Übungen helfen vor allem, den Respekt des Pferdes zu gewinnen. Wenn man deutlich Raum einnehmen kann und ohne Machtverhalten bestimmen kann, wo das Pferd seine Hufe setzt, dann verhält man sich nämlich genauso wie ein Leittier in der Herde. Eden war ein guter, aber zugleich strenger Lehrmeister. Sie respektierte mich, wenn ich mich wie eine Leitstute verhielt, aber sie tanzte mir auf der Nase herum, sobald ich vergaß, deutliche Grenzen zu zeigen.

Die Begriffe Desensibilisierung und Sensibilisierung mögen auf den ersten Blick gegensätzlich erscheinen, ergänzen sich aber gerade sehr gut. Anfänglich ist es verwirrend für das Pferd, dass es einmal schnell weichen und ein anderes Mal ruhig stehen bleiben soll. Der gleiche Gegenstand kann in einer bestimmten Situation eine Signalfunktion haben, während er in einer anderen einen Reiz darstellt. Der Unterschied liegt in der Absicht des Trainers. Es ist wichtig, dass das Pferd den Unterschied kennenlernt. So setzte ich das Seil bei Eden auf zwei verschiedene Arten ein: als Signal und als Reiz. Wenn das Seil eine

Signalfunktion hatte, dann erwartete ich, dass Eden vor dem Seil wich. In diesem Fall richtete ich mich auf und nahm sehr deutlich Raum ein. Das Seil war ein Hilfsmittel, um meine Körpersprache zu verstärken.

In einem anderen Fall wendete ich mich ein wenig von Eden ab und machte mich klein. Ich wollte, dass sie vertrauensvoll bei mir stehen blieb.

Ich schwang das Seil über ihren Kopf oder um ihre Hinterhand – Dinge, die sie nicht in Panik versetzen durften, falls sie sich einmal in einem Zügel oder einem Seil verheddern sollte. Das Seil war dann ein Reiz, den sie ignorieren sollte.

Schließlich verstand Eden, dass sie sich nicht auf den Gegenstand, sondern auf meine Haltung und meine Intention ausrichten sollte, um zu wissen, welche Reaktion angemessen war.

Ich selbst lernte, mich immer mehr wie ein Pferd zu verhalten. Entweder als Leitstute, die Respekt erwartet (indem ich mich aufrichte und Raum einnehme), oder als ein Pferd, das keine Bedrohung darstellt (indem ich mich abwende und klein mache). An Edens Reaktion konnte ich ablesen, ob ich Fortschritte machte.

Als Eden sich daran gewöhnt hatte, dass ich den Sattel auf ihren Rücken legte, und sich selbst dazu entschieden hatte, ruhig stehen zu bleiben, machte ich zum ersten Mal den Sattelgurt fest. Als sie den Gurt spürte, geriet sie wieder in Panik. Sie flüchtete in blinder Angst und mir blieb nichts anderes übrig, als das Seil loszulassen. Nun musste ich mit ansehen, wie sie mit aller Macht bockte, um den Sattel loszuwerden. Sie schlug so verrückte Haken, dass der große Westernsattel zu rutschen begann und sich schließlich unter ihren Bauch drehte. Ich wünschte, es wäre mir gelungen, den Sattelgurt fester zu ziehen, denn diese Situation war das Gegenteil von dem, was ich erreichen wollte.

Ich fragte mich, wie es mir um Himmels willen gelingen könnte, sie von dem Sattel zu befreien, bis mir einfiel, was Kyle getan hätte. Ich konnte beinahe seine Stimme hören: „Willst du auch eine Cola?" Ruhig sitzen bleiben und abwarten war das Einzige, was ich jetzt tun konnte; Eden hatte ein Problem mit dem Sattel, nicht mit mir.

Es dauerte fast eine halbe Stunde, bis sie endlich den Kopf senkte und heftig zitternd stehen blieb. Ich ging ganz ruhig auf sie zu und legte meine Hand auf ihre verschwitzte Flanke. Ich löste den Gurt und befreite sie vorsichtig von dem unter ihrem Bauch hängenden Sattel. Sie wieherte vor Erleichterung.

Dieser Vorfall hatte uns beide sehr erschreckt und unsere Beine zitterten noch eine Weile, nachdem es vorbei war. Eden hatte so viele Ängste überwunden und musste sich jetzt wieder an den Sattel gewöhnen; ich hatte aufrichtiges Mitleid mit ihr. Außerdem hatte ich Mitleid mit mir selbst, weil es so lange dauerte, bis ich auf meinem Pferd würde reiten können.

Nachmittags lief ich mit meinem Hund durch einen in der Nähe gelegenen Park, in dem es auch Reitwege gab. Die Sonne schien und wir begegneten vielen Pferden mit ihren Reitern. Ich dachte darüber nach, dass viele dieser Reiter wahrscheinlich noch nie von Natural Horsemanship gehört hatten und vielleicht auch gar nicht wussten, dass es Pferde wie Eden gab. Trotzdem ritten sie nun an einem sonnigen Tag durch den Park, während ich mit meinem Hund spazieren ging. Eden war immer noch nicht reitbar und akzeptierte noch nicht einmal einen Sattel.

Geduld

Ich fühlte mich mutlos und überlegte, dass ich eigentlich noch ein „normales" Pferd dazukaufen könnte, um vorläufig reiten zu können. Das würde aber bedeuten, dass ich den einfacheren Weg wählen würde und Eden auch nicht mehr meine ungeteilte Aufmerksamkeit schenken könnte. Mit einem zweiten Pferd wäre die Notwendigkeit, Eden reitbar zu machen, weniger gegeben. Ob ich dann noch genügend Durchhaltevermögen aufbringen würde? Auf der anderen Seite fragte ich mich auch, ob es in Edens Sinn war, durchzuhalten. Vielleicht würde es ihr viel mehr helfen, wenn ich es hierbei belassen würde und sie ungestört auf der Weide laufen ließe. Jeder Lernprozess kennt Höhen und Tiefen, Berge und Täler. Im Nachhinein vergisst man leicht, wie tief die Täler erschienen, als man noch nicht wusste, dass man auch wieder aus ihnen herauskommen würde. Es ist auch sehr verlockend, aufzugeben, wenn man sich gerade mitten in so einem Tal befindet.

Ich wollte das tun, was für Eden das Beste war. Weil ich nicht wusste, was das war, beschloss ich, sie selbst zu fragen. Am nächsten Morgen setzte ich mich gemütlich zu ihr ins Stroh. Mein Kopf war leer und ich fühlte mich ruhig und entspannt. Weil ich die Hoffnung eigentlich schon aufgegeben hatte, war ich offen für jede Antwort. Es war mir wirklich egal, ob ich jemals auf ihr würde reiten können. Ich hatte es völlig losgelassen.

„Weißt du, Eden", flüsterte ich leise, „ich liebe dich von ganzem Herzen und es tut mir weh, wenn ich sehe, wie viel Kraft es dich kostet, deine Ängste zu überwinden. Ich weiß es sehr zu schätzen, dass du alles gibst, aber du brauchst das nicht für mich zu tun. Wenn du an dieser Stelle aufhören willst, respektiere ich das vollkommen. Ich finde es sehr besonders, dass ich dich inzwischen überall berühren kann und dass wir zusammen spazieren gehen können. Ich bin sehr dankbar für unsere Beziehung und für das Vertrauen, das du mir immer wieder schenkst. Wenn der Sattel und das Reiten zu viel für dich sind, dann lassen wir es einfach hierbei. Vielleicht kannst du ja ein Fohlen bekommen und ich könnte noch ein anderes Pferd dazukaufen, auf dem ich reiten könnte. Es macht mir nichts aus und was auch geschieht – ich werde weiterhin mit dir durch die Wälder spazieren."

„Nein, nein", hörte ich urplötzlich glasklar in meinem Kopf. „Bitte, Nanda, gib nicht auf. Bitte, wir sind so weit gekommen. Ich möchte nur so sein wie andere Pferde, genauso wie Natasha. Bitte hilf mir hier durch und warte nicht zu lange."

Ich hatte Tränen in den Augen und legte meine Hand auf ihren Hals.

„Bist du dir sicher, Eden?", fragte ich nochmals. „Ja", sagte die Stimme in meinem Kopf. „Ja, ich meine es ernst. Ich will hier durch. Sei jetzt nicht zu vorsichtig mit mir. Ich brauche einen ordentlichen Stups, um meine Angst zu überwinden. Ich möchte gern, dass du bald auf mir reiten kannst, aber der Sattel beengt mich so.

Ich bekomme Platzangst von diesem Gurt und habe dieses beklemmende Gefühl, nicht ausweichen zu können. Ich kann nicht atmen und meine alten Ängste kommen in voller Wucht wieder hoch. Ich befürchte, dass ich diese Angst nicht selbst überwinden kann. Jetzt musst du durchhalten, Nanda. Du musst mir hier durchhelfen." Eden leckte über ihre Lippen, um ihre Worte zu unterstreichen.

Ich hatte versucht, mit Edens Ängsten so geduldig wie möglich umzugehen und nichts zu überstürzen. Und nun bat sie mich selbst, sie etwas härter anzupacken. Ich konnte aber auch verstehen, was sie meinte. Manchmal braucht man tatsächlich einen Stups, um etwas zu tun, was einem widerstrebt.

Ich nahm sie mit in den Roundpen, in dem der Sattel schon bereitlag.

„Okay, es geht los", flüsterte ich. Eden senkte zustimmend den Kopf und begann zu kauen. Ich hielt den Strick diesmal kurz und sattelte sie schnell und geschickt. Ich zog den Sattelgurt an, hatte aber meine Hand zwischen den Gurt und ihren Bauch gelegt, damit es sich nicht so abrupt anfühlte. Trotzdem gurtete ich gleich ziemlich fest an, weil ich nicht wollte, dass sich der Sattel noch einmal drehte. Eden stand auf zitternden Beinen, während ich den Führstrick abmachte und sie im Roundpen freiließ. Sie atmete schnell und oberflächlich. Es wirkte so, als sei ihre Vorderhand von ihrer Hinterhand durch den schrecklichen Sattelgurt getrennt. Ich konnte sehen, dass sie sich große Mühe gab, nicht in Panik zu geraten. Sie rannte nicht weg, sondern blieb freiwillig so nahe wie möglich bei mir stehen. Ich legte meine Hand zwischen ihre Ohren auf ihre Stirn, während ich mich in Gedanken mit ihr verband. Dadurch, dass ich ruhig und tief atmete, wurde auch ihre Atmung etwas ruhiger. Langsam spürte ich, wie sie immer tiefer atmete, bis sie sich schließlich entspannte.

So standen wir uns eine ganze Weile regungslos gegenüber.

Normalerweise lasse ich ein Pferd, das zum ersten Mal gesattelt wird, im Roundpen frei laufen, damit es sich selbst an den Sattel gewöhnen kann. In diesem Fall erschien es mir sinnvoller, erst den Führstrick an Edens Halfter zu befestigen, weil sie mir gezeigt hatte, dass sie in meiner Nähe bleiben wollte und Führung brauchte. Ich führte sie herum und Eden folgte mir vorsichtig, Schritt für Schritt. Sie leckte über ihre Lippen, machte Kaubewegungen, um die neue Situation zu kosten, und schluckte als Zeichen dafür, dass sie die neue Erfahrung akzeptiert hatte.

Als sie eine Zeit lang entspannt gelaufen war, ermutigte ich sie anzutraben, und schließlich machte ich den Führstrick auch noch ab, damit sie selbst experimentieren konnte. So ging sie im Schritt durch den Roundpen und trabte und galoppierte später sogar, bis der Sattel sie nicht mehr störte. Ich blieb mitten im Roundpen stehen und ermutigte sie in Gedanken, wie eine Mutter ihr Kind, das zum ersten Mal auf eine hohe Rutsche geklettert ist.

Nach einiger Zeit senkte Eden den Kopf und kam auf mich zu. Es reichte für heute. Eden brauchte Ruhe, um das, was sie heute gelernt hatte, zu verarbeiten.

In der kommenden Zeit sattelte ich Eden, bevor ich mit ihr im Roundpen arbeitete oder in der Natur spazieren ging. Das führte dazu, dass sie sich schließlich mit Sattel genauso natürlich bewegte wie ohne. Es war an der Zeit, sie zu reiten.

Zur Vorbereitung auf das Aufsteigen brachte ich ihr bei, ihre Vorderbeine zu spreizen und auf diese Weise das Gleichgewicht zu bewahren, während ich das Horn des Sattels hin und her bewegte. Dann bereitete ich sie darauf vor, dass ich, wenn ich bald auf ihrem Rücken sitzen würde, hoch über ihr thronen würde. Ich stellte mich dazu auf einen Stapel Strohballen neben ihr und streichelte sie aus dieser Position. Von den Strohballen aus schwang ich auch den Führstrick über ihren Kopf, so wie ich es vom Sattel aus auch tun musste, um sie lenken zu können.

Ich wollte Eden allein einreiten. Nur mit einem Schnurhalfter und einem Führstrick. Diese Methode hatte ich von Kyle gelernt, als ich ihm beim Training der jungen Quarter Horses half.

In meinen jungen Jahren hatte ich viele Pferde eingeritten, allerdings auf ganz andere Weise. Ich hatte in dieser Zeit zum Beispiel immer einen Helfer, der das junge Pferd erst longierte. Wenn das Pferd Sattel und Reiter akzeptiert hatte, ritt ich es ohne Longe, hatte aber noch Zügel und ein Gebiss zur Verfügung.

Als ich zum ersten Mal einen jungen Wallach ohne Gebiss und ohne Helfer einritt, fand ich das etwas unheimlich. Ich fragte Kyle verzweifelt, was ich tun sollte, wenn das Pferd wie ein Hase davonrennen würde. Kyle war daraufhin in Lachen ausgebrochen. „Aber wo soll er denn hin?", fragte er, während er sich vor Vergnügen auf die Schenkel klopfte. Wir befanden uns in einer geschlossenen Reithalle, er hatte also im Prinzip recht, das junge Pferd könnte nirgendwohin. Was aber nicht bedeutete, dass das Pferd ziemlich Tempo machen konnte und wie ein Verrückter durch die große Halle hätte rennen können. Als ich Kyle das erklärte, fing er wieder an zu lachen und sagte: „Aber wen stört es, wenn er rennen will?" sagte er. „Das einzige was du tun musst, ist es, ihn zu reiten."

Bald dachte ich genauso darüber wie Kyle. Ein Pferd, das gut vorbereitet ist, kann man prima mit Führstrick und Halfter unter Kontrolle halten.

Wenn man den Strick vom Sattel aus aufnimmt, zieht man den Kopf des Pferdes in seine Richtung. Dadurch läuft das Pferd auf einem immer kleiner werdenden Zirkel und bleibt schließlich stehen. Auf diese Weise hat man die Kontrolle, die man braucht, ohne dass sich das Pferd eingeengt fühlt.

Wenn ein junges Pferd gegen das Gebiss läuft oder von einem Helfer festgehalten wird, hat es keinen Ausweg. Dadurch kann es leicht in Panik geraten. Dadurch, dass man das Pferd auf einem Zirkel laufen lässt, kann es sich selbst entscheiden, ob es stehen bleibt oder nicht.

Auf diese Weise kann man ein Pferd ganz allein einreiten. Das ist ein großer Vorteil, denn nur dann kann man sich optimal auf das Pferd einstellen, was beim Einreiten eines jungen Pferdes das Allerwichtigste ist.

Damit Eden sich an mein Gewicht gewöhnen konnte, stellte ich mich erst einmal in den Steigbügel. Anfänglich sprang sie immer wieder weg und ich sprang zurück auf den Boden, hielt sie aber auf dem Zirkel. Wenn sie eine weitere Chance haben wollte, versuchte ich es wieder, bis sie schließlich ruhig stehen blieb.

Eigentlich ist es genauso wie bei der Kindererziehung. Wenn man ein Kind bittet, seine Jacke anzuziehen, kann es sein, dass es das nicht will. „Möchtest du heute die blaue oder die grüne Jacke anziehen, Jan?", gibt dem Kind die Möglichkeit der Wahl. Jan wird sich wahrscheinlich freudig für seine blaue oder seine grüne Jacke entscheiden, jedoch vermutlich gar nicht merken, dass es keine dritte Auswahlmöglichkeit gab.

Beim natürlichen Training gibt man einem Pferd eine vergleichbare Auswahlmöglichkeit. „Willst du weiter herumlaufen oder deine Angst überwinden?" Das Pferd wählt eine der beiden Möglichkeiten und entscheidet selbst. Einige Voraussetzungen müssen allerdings gegeben sein, damit das Pferd begreift, dass es nur diese beiden Wahlmöglichkeiten hat. Kyle sagte zu seinen Pferden: „Was ist los? Zurück in den Stall und dich kugelrund fressen steht nicht zur Wahl." Immer, wenn Eden ihre Angst auf diese Weise überwand, beendete ich die Arbeit und lobte sie überschwänglich. Den nächsten Schritt in diesem Prozess machte ich dann erst später am Tag oder am nächsten Tag mit ihr. Als ich bei Kyle mit den Quarter Horses arbeitete, musste alles etwas schneller gehen. Das ist zwar möglich, aber nicht optimal und man spart letzten Endes auch keine Zeit damit.

Ich habe mit Pferden gearbeitet, die mithilfe einer bekannten natürlichen Methode innerhalb von einer Stunde eingeritten wurden. Diese Pferde haben anfangs alles mit sich machen lassen. Sie wurden durch den schnellen Prozess überrumpelt, konnten das Gelernte aber nicht verarbeiten. In einem späteren Stadium lehnten sie sich aber doch noch auf und zeigten fast alle Problemverhalten. Die Zeit, die man für eine gute Vorbereitung aufwendet, ist also keineswegs vertane Zeit.

Fokus und innere Stärke

Bevor ich mich zum ersten Mal richtig auf Eden setzte, legte ich mich als vorletzten Schritt quer über ihren Rücken. Nachdem ich mich im Steigbügel aufgerichtet hatte, schob ich mich langsam auf ihren Rücken. Auch dadurch geriet sie anfänglich in Panik. Ich gab ihr auch in dieser Situation einen Ausweg, bis sie von selbst stehen blieb. Als sie still stand, tat ich, ohne darüber nachzudenken, etwas sehr Dummes. Statt die Übung zu beenden und sie zu belohnen, nutzte ich die Gunst der Stunde und ließ mich vorsichtig in den Sattel gleiten. Ich saß auf Edens Rücken, allerdings nicht lange. Eden hatte zwar akzeptiert, dass ich quer über ihrem Rücken lag, jedoch noch keine Zustimmung für den nächsten Schritt gegeben. Der Moment, in dem ich triumphierend in den Sattel glitt, war auch der Punkt, an dem Eden durchdrehte. Ich spürte ihre Panik und merkte, wie sich jede Faser ihres Körpers zusammenzog. Ich wusste, dass ich einen großen Fehler gemacht hatte, daran jetzt aber nichts mehr ändern konnte. Es passierte alles in weniger als einer Sekunde, schien sich aber gleichzeitig wie in Zeitlupe abzuspielen. Eden machte fast einen Handstand, als mein Gesäß den Sattel berührte.

Ich habe noch nie ein so bockendes Pferd gespürt. Ich wurde so abgeworfen, als wäre ich von einem Katapult aus abgeschossen worden. Ich flog ein paar Meter durch die Luft, bis ich gegen die eisernen Stangen des Roundpens knallte. Ich fiel nach hinten auf den Boden und konnte mich vor Schmerzen kaum rühren.

Eden lief gleich auf mich zu und hielt dabei ihren Kopf tief am Boden. Ich habe sie noch nie so lecken und kauen sehen. „Oh, es tut mir so leid, es tut mir so leid", schien sie sagen zu wollen. „Aber du kannst dich doch nicht einfach auf meinen Rücken setzen, ich war dazu noch gar nicht bereit!"

„Entschuldigung, Eden", flüsterte ich. „Entschuldigung …"

Mir war völlig klar, dass ich in meiner Begeisterung einen wesentlichen Schritt vergessen hatte. Nach diesem Vorfall genoss Eden einige Wochen wohlverdiente Ferien. Ich hatte Rippenprellungen und fiel dadurch einige Zeit aus.

Als ich in der ersten Nacht nach meinem Sturz trotz der Schmerzen endlich einschlief, kam Eden zu einem Krankenbesuch. Ich befand mich wieder in der Traumwelt und stellte zu meiner Freude fest, dass ich auf Edens Rücken saß und außerdem keine Schmerzen hatte. Eden drehte ihren Kopf in meine Richtung und sah mich an.

„Betrachte dies heute Nacht als Geschenk", sagte sie leise. „Du musst aber auch wissen, dass es nun nicht mehr lange dauern wird, bis dein Traum Wirklichkeit wird. Hab Geduld, Nanda. Je größer die Herausforderung, desto tiefer die Zufriedenheit, die du dann spüren wirst. Du verstehst doch, warum ich dich abwerfen musste, oder?"

Ich antwortete ihr, dass ich mir denken konnte, warum. Ich war zu schnell gewesen und hatte sie überfallen.

„Das war noch nicht das Schlimmste", antwortete Eden. „Aber du hast die Verbindung unterbrochen. Dein Wunsch, dein Bein über mich zu schwingen und dich hinzusetzen, entsprang deinem Ego. Dadurch hast du den Kontakt mit mir verloren und die Verbundenheit vergessen."

Ich spürte, dass sie recht hatte und schämte mich wegen meiner fehlenden Besonnenheit.

Eden ging im Schritt, fiel dann in Trab und begann später zu galoppieren. Ich nahm wieder die ultimative Einheit wahr, die ich schon mit Natasha erlebt hatte. Eden und ich verschmolzen zu einem einzigen Wesen, halb Pferd, halb Mensch. In meinem Traum mit Natasha lag die Initiative ganz bei ihr. Sie hatte mich zu den Plätzen mitgenommen, die sie mir zeigen wollte. In dieser Nacht war es anders: Eden brachte mir das Reiten bei.

Sie zeigte mir, wie ich sie mit meinen Gedanken und meiner Körpersprache lenken konnte. Ich hatte keine Zügel und keinen Sattel, aber beides wäre auch völlig überflüssig gewesen. Wenn ich in eine bestimmte Richtung schaute, fügte Eden sich auf ganz natürliche Weise in die Bewegung.

Nach einiger Zeit ritten wir nicht mehr länger durch die Wälder und über die Felder, sondern in einer Art Irrgarten in einem Porzellanladen. Überall standen Regale mit Tellern und Tassen aus Porzellan und mit Kristallgläsern. Dadurch war ich gezwungen, sehr genau zu reiten. Im Traum schien dies die normalste Sache der Welt zu sein.

Nach diesem nächtlichen Dressurtest kamen wir auf eine Lichtung im Wald. Vorsichtig ließ ich mich von Edens Rücken gleiten, sodass ich sie wieder anschauen konnte.

„Fühlst du jetzt, wie du reiten sollst?", fragte Eden.

„Ich glaube schon", antwortete ich. „Erst schaue ich in eine bestimmte Richtung, dann bewege ich meinen Körper in diese Richtung und dann folgst du. Stimmt das?"

Eden seufzte tief. „Ich würde es anders umschreiben", sagte sie, ohne meine Interpretation zu bewerten. „Du musst einen Fokus haben. Fokus und innere Stärke. Du musst dir tief in dir ein Ziel setzen, einen Punkt, den du erreichen willst. Dann gibst du alle Aufmerksamkeit und Energie in diese Richtung, sodass du den Punkt in Gedanken schon erreicht hast. Wenn du das mit voller Überzeugung tust, werde ich dir folgen. Weißt du noch, wie ich dir im *Roundpen* gezeigt habe, wie sich eine Leitstute verhält? Sie schaut nicht fragend zu den anderen Pferden, ob diese ihr folgen wollen. Sie fühlt nur ihre innere Stärke und lässt sich durch nichts und niemanden davon abhalten. So musst du reiten, Nanda. Mit der inneren Einstellung der Leitstute. Und es ist auch eine Art zu leben."

An dieser Stelle hielt sie kurz inne. Ich sagte nichts.

„Auch im Leben musst du ein Ziel haben", erklärte Eden. „Ein Ziel, eine Vision, einen Traum – etwas, worauf du hinarbeiten kannst.

Dann musst du deine ganze Aufmerksamkeit und Energie bündeln und vorausschicken, bis du deinen Traum in Gedanken erreicht hast. Genauso, wie du jetzt träumst, du würdest auf mir reiten. Es ist wichtig, dass du dich auf dem Weg durch nichts und niemand stören lässt, sondern immer in Verbindung mit deiner inneren Stärke bleibst. Wie viele Menschen haben dir schon gesagt, dass dein Traum nicht realistisch ist und dass es unmöglich sein würde, auf mir zu reiten? Es ist wichtig, auch dann an dein Ziel zu glauben und deinen Weg zu verfolgen, sonst wirst du dein Ziel sicherlich nicht erreichen. Du musst leben wie die Leitstute, Nanda."

„Ach Eden!", seufzte ich. „Es klingt alles so einfach, wie du es erzählst. Natasha und du, ihr bringt mir so viel bei und ich kann euch eigentlich nichts zurückgeben."

„Aber das stimmt gar nicht", protestierte Eden. „Wir zeigen Menschen, dass alles miteinander verbunden ist. Weil das unsere Realität ist. Umgekehrt lernen wir viel über unsere Individualität, weil wir eine Seelenverbindung mit einem Menschen eingehen. Wir Pferde (und andere Herdentiere) haben ursprünglich eine Gruppenseele, während der Mensch eine individuelle Seele hat. Wir kommen also eigentlich jeder von einer anderen Seite und wir haben verschiedene Entwicklungswege gewählt und sind diese gegangen. Du bist den Entwicklungsweg des Menschen gegangen, deshalb kannst du dich nur mit Mühe daran erinnern, dass alles miteinander verbunden ist. Ich bin den Weg des Herdentieres gegangen, weshalb ich mir meiner Individualität nicht so bewusst bin. So lernen wir voneinander, gerade weil wir so unterschiedlich sind. Das eine ist nicht besser oder schlechter, nur anders."

„Wird jedes Pferd, das unter den Menschen lebt, sich seiner Individualität bewusster?", wollte ich noch wissen.

„Ja, sicher", antwortete Eden. „Aber leider lernen Pferde durch ihren Kontakt mit dem Menschen auf eine negative Art und Weise. Wenn Menschen sich selbst nicht respektieren, dann verwerfen sie auch die Reflexion, die sie in unserem Spiegelbild sehen. In einer solchen Beziehung werden wir Pferde uns vor allem der Dinge bewusst, die wir nicht sind. Auch das ist Entwicklung, aber leider in eine negative Richtung. So sah mein Leben aus, bevor ich dich kennenlernte. Aber auch du hast in deinem Leben auf diese Weise gelernt. Du bist auch Menschen in deinem Leben begegnet, die dir bewusst gemacht haben, wie du nicht warst und wie du nicht sein wolltest."

Es stimmte tatsächlich, was Eden sagte, und ich nickte zustimmend. „Das war es für heute Nacht", beschloss Eden. „Ich bringe dich zurück nach Hause. Sorge dafür, dass es dir bald besser geht, dann machen wir dort weiter, wo wir waren. Diesmal musst du darauf achten, dass du Kontakt zu mir hältst und offen bleibst, damit wir kommunizieren können. Ich werde dir sagen, wann du aufsteigen kannst. Wir werden das schaffen."

Es verstrichen einige Wochen, bis meine Rippen geheilt waren und ich Eden wieder satteln konnte. Wir machten tatsächlich da weiter, wo wir aufgehört hatten, als Eden still stehen blieb und ich mich quer über ihren Rücken legte. Wenn ich sie in Gedanken um Zustimmung bat, mein Bein über ihren Rücken zu heben und mich hinzusetzen, geriet sie jedoch in Panik.

Ich machte zwischendurch auch noch andere Übungen mit ihr, damit die Arbeit Spaß machte und abwechslungsreich für uns blieb. Parallel versuchte ich jedoch, jedes Mal, wenn ich mit ihr arbeitete, ihre Zustimmung zu bekommen, um aufzusteigen. Ich wollte mich selbst nicht noch einmal aufdrängen; ich wollte, dass es diesmal Edens freie Entscheidung war.

Inzwischen war schon ziemlich viel Zeit vergangen und ich hatte keinerlei Erwartungen mehr, als ich mich an dem bewussten Tag im Steigbügel in den Stand drückte. Ich hing über Edens Rücken und spielte ein bisschen mit dem Steigbügel auf der anderen Seite, als ich sie plötzlich hörte.

Sie stand mucksmäuschenstill und ich hörte ihre Stimme in meinem Kopf: „Tu es ruhig, Nanda, ich bin bereit." „Bist du dir ganz sicher?", fragte ich sie in Gedanken, während ich mich an meinen letzten schmerzhaften Versuch erinnerte. „Ja, es ist gut. Ich habe meine Angst unter Kontrolle. Warte jetzt nicht länger, denn sonst machst du es mir zu schwer."

Vorsichtig hob ich mein Bein über sie und ließ mich vorsichtig in den Sattel gleiten. Ich fühlte, wie Eden sich anspannte, aber ich fühlte auch, dass sie sich mit ihrem ganzen Willen zusammenriss. Alle ihre Muskeln waren angespannt, sie zitterte vor Angst und Anspannung, aber sie stand unbeweglich still.

Ich versuchte, mich so viel wie möglich zu entspannen, und legte meine Hand auf ihre Schulter. Ich konzentrierte mich auf meine eigene Atmung und atmete immer ruhiger, bis auch Edens Atmung ruhig wurde. Schließlich spürte ich, wie sich ihr angespannter Körper langsam entspannte.

So standen wir eine halbe Stunde lang, ohne dass etwas passierte. Ich hätte schreien können vor Glück; ich saß zum ersten Mal wirklich auf Edens Rücken und es war ihre eigene Entscheidung gewesen, mich aufsteigen zu lassen. Nach einiger Zeit hatten wir uns beide an die neue Situation gewöhnt und Eden fühlte sich entspannt genug an, um den nächsten Schritt zu wagen.

Im wahrsten Sinne des Wortes den nächsten Schritt, denn ich wollte vorsichtig im Schritt losgehen. Eden musste eine fühlbare Schwelle überwinden, um in Bewegung zu kommen; sie hatte schließlich gelernt, bei immer stärker werdenden Reizen still stehen zu bleiben. Jetzt wollte ich jedoch, dass sie meinen Signalen nachkam und sich in Bewegung setzte. Ich bündelte meine Energie und meine Aufmerksamkeit und schickte sie voraus zu einem fiktiven Punkt.

Ich richtete mich auf und schaute in die Richtung, in die ich gehen wollte. Eden blieb noch immer stocksteif stehen aus Angst, einen falschen Schritt zu machen. Sie schaute sich ein paarmal um, als ob sie befürchtete, dass ich wieder fallen würde, wenn sie sich bewegte. Erst als ich einige Male mit dem Strick rhythmisch auf ihre Hinterhand klopfte, war sie davon überzeugt, dass ich es ernst meinte.

Äußerst vorsichtig und völlig konzentriert machte sie ihre ersten zögerlichen Schritte. Jeden Schritt, machte sie sehr bewusst. Eden wollte tun, was ich von ihr erwartete; sie war äußerst motiviert zu verstehen, was ich von ihr erwartete, und suchte immer wieder Bestätigung. Es war noch nicht so harmonisch wie im Traum (wir hätten in Wirklichkeit nicht durch den Porzellanladen reiten können, ohne erheblichen Schaden anzurichten), aber die Basis war ganz deutlich geschaffen. Ich dachte über den enormen Unterschied nach, den dieser Prozess im Vergleich zu den Pferden darstellte, die ich als junges Mädchen auf konventionelle Weise eingeritten hatte. Diese Pferde und Ponys waren alle von Anfang an mit Menschen in Kontakt gewesen und mussten als Dreijährige eingeritten werden. Manchmal bockten die Pferde zu Beginn, meistens akzeptierten sie die Situation aber recht schnell. Noch nie hatte ich jedoch beim ersten Mal eine solche Einheit mit einem Pferd erfahren wie jetzt mit Eden. Ich hatte sie lange vorbereiten müssen und meine Geduld war ziemlich auf die Probe gestellt worden, aber das Ergebnis übertraf alle meine Erwartungen.

Sie hatte nur ein Halfter an und ich hielt den Führstrick in meiner Hand. Mit meiner Hand und dem Strick zeigte ich in die Richtung, in die ich gehen wollte. Eden folgte dem Führstrick, ohne dass Druck erforderlich war. Wenn ich die Hand wechseln wollte, schwang ich den Strick über ihren Kopf und sie folgte dem Strick und meiner Hand in die neue Richtung. Mein großes Ziel war es, so zu reiten, wie Eden es mir im Traum beigebracht hatte: mit dem Fokus auf meiner inneren Stärke. Der Strick war ein vorübergehendes Hilfsmittel, um meinen Fokus zu verstärken und meine innere Stärke spüren zu können.

Um Eden anzuhalten, richtete ich meinen Fokus nicht länger auf einen entfernten Punkt, sondern richtete meine Aufmerksamkeit nach innen. Oder, wie Kyle es einmal ganz einfach ausgedrückt hatte: „Wenn du aufhörst, irgendwohin zu reiten, geht das Pferd auch nirgendwo mehr hin."

Auch hierfür benötigte ich anfangs den Führstrick als Hilfsmittel. Wenn ich den Fokus auf mich richtete, nahm ich auch den Führstrick auf. Das direkte Ergebnis war, dass ich Eden auf einem immer kleiner werdenden Zirkel leitete, bis sie schließlich von sich aus stehen blieb.

Während der Bodenarbeit hatte Eden gelernt, dass sie vor mir weichen sollte, wenn ich mich groß machte. Im Sattel tat ich eigentlich das Gleiche; wenn man sich als Reiter aufrichtet, macht man sich auch größer. Deshalb war es logisch für Eden, auf diesen Impuls hin vorwärtszugehen.

Wenn ich wollte, dass Eden bei der Bodenarbeit bei mir bleibt, tat ich das Gegenteil. Ich machte mich dann kleiner, ließ meine Schultern ein wenig hängen und wendete mich ein wenig von ihr ab.

Um sie vom Sattel aus zum Anhalten zu bewegen, tat ich eigentlich das Gleiche. Ich sackte ein wenig in mich zusammen (wodurch mein Becken kippte) und machte mich klein. Das Anhalten ohne Zügel ist für ein Pferd leicht zu lernen, vor allem wenn man das Pferd bei den ersten Trainingseinheiten damit belohnt, dass man das Training genau dann beendet, wenn es klappt. Nach einiger Zeit war es sogar so, dass Eden aus dem vollen Galopp stoppte, wenn ich meinen Blick nach innen richtete und ich „aufhörte, irgendwohin zu reiten".

Um rückwärts zu richten, lenkte ich meine Aufmerksamkeit auf einen Punkt hinter uns. Mit dem Führstrick tippte ich dann rhythmisch auf ihre Brust, bis sie flott rückwärtsging.

Ich setzte relativ wenige Schenkelhilfen ein. So wie die Westernreiter ließ ich meine Beine während des Reitens entspannt und locker hängen. Auf diese Weise bleibt das Pferd sehr sensibel für die Schenkelhilfen. Ein Pferd, das sich aus freiem Willen entschieden hat, dass es geritten werden will, braucht man nicht anzutreiben, es geht aus eigenem Antrieb.

Ich genoss es sehr, auf Eden zu reiten, und nach ein paar Tagen fühlte es sich so an, als hätten wir nie etwas anderes getan. Ich hatte ihr Vertrauen und ihren Respekt schon am Boden gewonnen, deshalb wollte sie mit mir zusammenarbeiten. Wir waren beide sehr motiviert, uns zu verstehen und zu einer größtmöglichen Einheit zu gelangen. Das ist so ein fantastisches Gefühl: Alles, was das Pferd aus freiem Willen für dich tut, fühlt sich an wie ein kostbares Geschenk.

In meinem Leben habe ich etwas entdeckt, was ich in folgenden Worten zusammengefasst habe: „Was wir von Pferden lernen können, ist nur durch unsere Fähigkeit es auch zu verstehen begrenzt, was sie uns geben wollen, ist nur durch unsere Bereitschaft zu empfangen begrenzt." Immer wieder rührt es mich sehr, wenn ich merke, wie viel Pferde für ihre Menschen zu geben bereit sind. Sie wollen uns alles geben, viel mehr, als wir es selbst jemals bedenken könnten. Wenn man jedoch spezifische Erwartungen an sein Pferd hat und wenn man erzwingen will, dass diese Erwartungen erfüllt werden, dann wird man nie entdecken, was das Pferd einem aus freiem Willen geschenkt hätte.

Gleichzeitig musste ich mich erst einmal sehr daran gewöhnen, dass Eden so fein auf meine Signale reagierte. Wenn ich mich an meiner Nase kratzte, hörte ich sie beinahe denken: Was meint Nanda damit jetzt wieder? Ich musste lernen, keine einzige überflüssige Bewegung mehr zu machen, sondern stets in Balance und Harmonie mit ihren Bewegungen mitzugehen. Die Signale, die ich Eden gab, waren die einzigen Unterbrechungen in einem ansonsten kontinuierlichen Bewegungsfluss.

Die Kraft der Gedanken

Ich musste auch lernen, meine Gedanken während des Reitens nicht abschweifen zu lassen.

Als ich Eden nach ein paar Wochen mit nach draußen nahm und durch die Wälder ritt, wurden aus unseren täglichen Spaziergängen tägliche Ausritte. Ich lief nun nicht mehr vor ihr her, um ihr den Weg zu zeigen, sondern schickte stattdessen meine Aufmerksamkeit und Energie voraus. Auf einem unserer ersten großen Ausritte mussten wir Wasser durchqueren. Ich hatte eine schöne Route ausgearbeitet, die uns über einen langen Umweg wieder nach Hause bringen würde. Ich wusste schon vorher, dass wir auf dem Rückweg durch einen kleinen Fluss waten mussten. Was ich nicht wusste, war, dass der Fluss durch die heftigen Regenfälle über seine Ufer getreten war. Wir standen plötzlich vor einer enormen Wasserfläche. Ich wusste zwar, dass das Wasser nicht sehr tief sein konnte, aber es sah schon sehr imposant aus. Außerdem trieben einige heruntergewehte Äste auf dem Wasser. Eden folgte der Bewegung der Äste mit den Augen, und man sah, dass es ihr schwerfiel, die Situation einzuschätzen. Ich positionierte mich direkt mit ihr vor dem Wasser und stellte mir vor, dass wir schon auf der anderen Seite waren, um unseren Weg nach Hause fortzusetzen. Eden versuchte einige Male umzudrehen, aber ich hielt sie zwischen meinen Beinen, um ihr zu zeigen, dass Umkehren keine Option war. Ich spornte sie einmal an und tat dann nichts mehr. Die Wahl lag bei ihr. Wir konnten an dieser Stelle stehen bleiben oder ins Wasser gehen, sodass wir nach Hause konnten. Eine andere Wahl gab es nicht. Meine Gedanken waren schon auf der anderen Seite des Wassers und warteten dort ruhig, bis Eden sich dazu entschied, Huf für Huf ins Wasser zu gehen.

Andersherum funktionierte es jedoch auch. Eines Tages ritt ich mit Eden in den Wald, während ich unterdessen bedachte, dass ich das lieber nicht hätte tun sollen. Über unseren Köpfen brauten sich dunkle Wolken zusammen und es sah so aus, als würden wir in einen heftigen Regenschauer reiten. Ich überlegte, was ich tun sollte: doch noch ein Stückchen weiter reiten oder zurück? Meine Gedanken wanderten zurück nach Hause, zu einer Tasse heißem Tee und dem warmen Feuer im Kamin. Eden wartete keine weiteren Signale ab, sondern drehte sich direkt um und ging nach Hause.

Ein anderes Mal mussten wir quer durch ein Stück Wald reiten, der in Privatbesitz war. Ich hatte dort noch nie jemanden gesehen und erwartete nicht, dass jemand etwas dagegen hätte, fand es aber trotzdem ein wenig spannend. Als ich so durch den „verbotenen Wald" ritt, hoffte ich einfach, niemandem zu begegnen. Am Anfang des Waldes blieben meine Gedanken deshalb ein Stückchen zurück. Ich zögerte in Gedanken, ob ich den Wald betreten sollte, und Eden blieb augenblicklich stehen. Erst als ich meine Gedanken wieder bewusst vorausschickte, folgte sie wieder.

Als wir beinahe am Ende des Waldes angekommen waren, eilte ich mit meinen Gedanken voraus, um schnell wieder auf den öffentlichen Weg zu gelangen. Eden folgte meinen Gedanken und wurde merklich schneller. Das war nicht so praktisch, da der Weg ziemlich schmal war und viele tief hängende Zweige im Weg hingen, denen ich ausweichen musste. Eden hatte nur ein Halfter um, und um sie bei mir halten zu können, musste ich meine eigenen Gedanken zurückpfeifen und nicht zu weit vorauseilen lassen. Die Zeiten, in denen ich umgekehrt im Sattel saß und fröhlich schwatzend mit meinen Freundinnen Ausritte unternahm, waren sichtlich vorbei. Wenn ein Pferd dich als Leitstute anerkennt, ist das nicht nur ein Genuss, sondern auch eine permanente Verantwortlichkeit.

Alle Pferde nehmen unsere Gedanken auf und reagieren darauf, bis wir es ihnen abgewöhnen. Wir haben alle schon erlebt, dass unser Pferd bereits im Galopp anspringt, bevor wir eine Hilfe gegeben haben, nur weil wir daran gedacht haben zu galoppieren. Wenn wir unsere Pferde für solche spontanen Aktionen bestrafen, bringen wir ihnen bei, unsere Gedanken so weit wie möglich zu ignorieren. Stattdessen sollten wir selbst besser lernen, unsere Gedanken nicht abschweifen zu lassen und konzentriert zu bleiben. So zeigt sich, dass wir eigentlich alles immer wieder auf uns selbst zurückführen können.

Seelenverbundenheit

Eden und ich lernten, uns immer besser zu verstehen. Wir hatten immer weniger Kommunikationsprobleme und irgendwann hatte der Führstrick nur noch eine symbolische Funktion. Ich wusste, dass die Zeit gekommen war, Eden ohne Zaumzeug zu reiten. „Hab Geduld, Nanda; je größer die Herausforderung, desto tiefer die Zufriedenheit, die du dann spüren wirst", hatte Eden in einem Traum gesagt.

Nun würde ich diese Zufriedenheit endlich spüren können. Ich sattelte Eden im Stall und ging mit ihr nach draußen in die Reitbahn. Es war ein wunderschöner heller Tag, mit einem wolkenlosen, klarblauen Himmel, der in schönem Kontrast zu den grünen Büschen und den weißen Bergspitzen in der Ferne stand. Ich schaute nach oben und sah einen großen Adler, der hoch über unseren Köpfen seine Runden drehte. In der Reitbahn angekommen, nahm ich Eden feierlich das Halfter ab. Sie blieb ruhig stehen, während ich aufstieg. Ich erinnerte mich, wie ausgelassen ich mich gefühlt hatte, als ich Shadow ohne Zaumzeug ritt. Das hatte so viel Eindruck auf mich gemacht, dass ich seit dieser Zeit meine Inspiration daraus gewann.

Ich lächelte, als ich daran dachte, wie ich wie ein richtiges Cowgirl *„Yeehaw!"* gerufen hatte. Diese Erfahrung hatte für mich die ultimative Freiheit bedeutet. Jetzt, ohne Zügel auf Eden, fühlte ich mich anders. Ich war einfach glücklich, überglücklich sogar, aber auf eine andere, eher bescheidene Weise. Jetzt *„Yeehaw!"* zu brüllen, wäre völlig unpassend gewesen. Ich war stattdessen still und tief gerührt. Ich spürte in meiner Seele, dass es etwas ganz Besonderes war, hier nun ohne Zügel auf Eden zu sitzen. Sie blieb ruhig stehen und ich streichelte ihren Hals.

Ich atmete tief ein, um diesen Moment in mich aufzunehmen, damit ich ihn niemals vergessen würde. Ich schaute um mich herum, sah den Wald und die Berge in der Ferne, und ich sah nach oben, wo der Adler noch immer über unseren Köpfen schwebte. Nun kam der Adler in einem prächtigen Sinkflug nach unten und landete auf dem Tor der Reitbahn, nur ein paar Meter von uns entfernt. Es kam häufiger vor, dass ich hier Adler sah, aber das hatte ich noch nie erlebt und ich konnte meinen Augen beinahe nicht glauben.

Eden blieb regungslos stehen, während der Adler uns eindringlich anschaute. Es dauerte nur einige Sekunden, bis er mit großen Flügelschlägen wieder wegflog und aus unserem Gesichtsfeld verschwand. Ein paar intensive Sekunden, in denen die Welt kurz stehen zu bleiben schien. Es fühlte sich so an, als sei der mächtige Adler nur für Eden und mich gelandet. Als wollte er uns zu diesem für uns besonderen Erlebnis beglückwünschen.

Für die *Native Americans* steht der Adler als Symbol für die Verbindung mit dem Göttlichen. In ihrer Vorstellung symbolisiert er die Fähigkeit, in der anderen Wirklichkeit sein zu können und gleichzeitig auch auf der Erde in Balance zu sein.

Das ist es!, blitzte ein Gedanke in mir auf. Das ist der Unterschied zwischen dem Ritt ohne Zaumzeug auf Shadow und diesem Ritt auf Eden. Dieses Mal spürte ich nicht nur die Freiheit, sondern war gleichzeitig in der anderen Wirklichkeit, sodass ich auch die Verbundenheit erleben durfte. Die Verbundenheit mit Eden, den Bäumen, den Bergen, dem Adler, mit allem. Mit Shadow hatte ich nicht die tiefe Verbundenheit, die ich mit Eden hatte. Shadow war Kyles Pferd gewesen, nicht meins.

Durch die tiefe Verbundenheit mit Eden erlebte ich diese Erfahrung viel intensiver. Plötzlich wurde mir klar, dass das Reiten ohne Zaumzeug nicht mein ultimatives Ziel war, sondern nur eine Nebenerscheinung meines wirklichen Ziels. Das wirkliche Ziel war die Seelenverbundenheit mit Eden.

Ich erinnerte mich daran, was Eden gesagt hatte, als sie mir erklärte, wie ich reiten sollte: „Du musst einen Fokus haben. Fokus und innere Stärke. Du musst dir tief in dir ein Ziel setzen, einen Punkt, den du erreichen willst. Dann verwendest du alle Aufmerksamkeit und Energie für diese Richtung, sodass du das Ziel in Gedanken schon erreicht hast. Wenn du das mit voller Überzeugung tust, werde ich dir automatisch folgen."

Nun war es so weit, dass mir keine anderen Kommunikationsmittel mehr zur Verfügung standen als diese beiden: Fokus und innere Stärke.

Ich richtete mich auf und spürte, wie auch Eden sich aufrichtete. Ich richtete meinen Blick auf einen bestimmten Punkt und ging in Gedanken schon dorthin. Eden folgte. Vom Schritt gingen wir über in Trab und schließlich galoppierten wir an. Zum ersten Mal ohne Zaumzeug und in tiefer Verbundenheit auf Eden zu galoppieren, war einer der Höhepunkte meines Lebens. Zwischen dem Zeitpunkt, zu dem Eden in mein Leben gekommen war, bis zu diesem Moment, in dem ich sie ohne Zaumzeug ritt, lag eine ziemlich lange Zeit, aber jede Minute, die man in Verbundenheit mit seinem Pferd erlebt, ist Gold wert. Der gemeinsame Lernprozess ist gleichzeitig das Ziel, weil man gerade dadurch eine tiefe Seelenverbundenheit erreicht.

Der Wandel des Lebens

Es war eine ganze Weile her, dass ich Marijke von dem Traum erzählt hatte, in dem ich mit Natasha gesprochen hatte. In diesem Traum hatte Natasha mir erzählt, dass es ein Fohlen gebe, das durch sie bei Marijke geboren werden würde. Ein Fohlen, mit dem Marijke eine Seelenverbindung hat, die noch aus einem früheren Leben stammt.

Marijke hatte bald nach diesem Gespräch den Entschluss gefasst, Natasha decken zu lassen. Inspiriert durch meine vielen begeisterten Geschichten über Eden, hatte sie als Vater für das Fohlen einen Araberhengst ausgesucht.

Das Decken und die ganze Trächtigkeit wurde ein Zusammenspiel zwischen Natasha, Marijke und mir. Marijke teilte den physischen Teil mit Natasha, während ich, in der Ferne in Amerika, über Träume mit Natasha in Kontakt blieb. So zeigte Natasha mir im Traum, wann sie rossig war und zum Hengst gebracht werden wollte.

An diesem Tag rief Marijke mich an, denn sie hatte den Wallach ihrer Nachbarin zu Natasha gestellt, aber Natasha hatte auf ihn kaum reagiert. Die Nachbarin war deshalb absolut davon überzeugt, dass Natasha nicht rossig sein konnte. Ich entgegnete noch, dass ein Wallach schließlich kein Hengst sei, aber ich fühlte mich nicht sicher genug, um das Urteil der Nachbarin und Marijkes Vertrauen darin anzufechten.

Natasha ging an diesem Tag nicht zu dem Hengst und in derselben Nacht träumte ich von ihr. Sie war sehr traurig und enttäuscht. Nicht so sehr, weil sie nun zu spät zu dem Hengst kommen würde, sondern eher, weil sie sich nicht gehört fühlte. Ich behielt diesen Traum für mich, denn Marijke hatte sich dafür entschieden und ich wollte sie nicht weiter in Verwirrung bringen. Einige Tage später rief sie mich aber wieder an. Sie erzählte mir, dass sie noch einige Tage gewartet habe, aber dass Natashas Rosse immer weniger geworden sei. Als sie sich entschlossen hatte, sie dann doch zum Hengst zu bringen, hatte sich Natasha geweigert, in den Pferdeanhänger zu gehen.

„Es wirkte beinahe so, als weigere sie sich nun, weil sie eigentlich eher hatte gehen wollen", nörgelte Marijke. Sie hatte keine andere Lösung gesehen, als Natasha zu satteln und zum Gestüt zu reiten. Dort angekommen zeigte sich, dass Natashas Rosse inzwischen vorbei war. „Ich habe mich zu sehr von meiner Nachbarin beeinflussen lassen", seufzte Marijke. „Eigentlich hätte ich Natasha an dem besagten Tag am liebsten sofort zum Hengst gebracht."

„Ich wette, sie wäre sofort in den Pferdeanhänger gestiegen", antwortete ich. Wir mussten beide lachen; es gelang Natasha doch immer wieder, uns verständlich zu machen, was sie wollte!

Durch den Kontakt mit Marijke lernte ich, meinen Träumen immer mehr zu vertrauen. So wie ich jetzt darüber schreibe, scheint es vielleicht, als hätte ich dieses Vertrauen von Anfang an gehabt. Aber das war ganz bestimmt nicht so. Wenn ich nach einem solchen Traum wach wurde, war ich meistens noch sehr emotional berührt davon und hielt ihn für wahr. Im Lauf des Tages ebbte das Gefühl aber wieder ab und ich begann zu zweifeln. Marijke war mein Link zur Wirklichkeit, weil sie immer wieder bestätigen konnte, was ich geträumt hatte.

Dadurch, dass meine Träume meistens Marijkes intuitive Gefühle bestätigten, lernte sie für ihren Teil, mehr auf ihre Gefühle zu hören. Natasha brachte uns auf diese Weise nicht nur näher zueinander, sie half uns beiden auch, mehr an uns selbst zu glauben.

Als Natasha einige Monate später tragend war, zeigte sie mir in einem Traum, dass ein Fohlen unterwegs war. In dem Traum war es aber nicht Natasha, die einen dicken Bauch hatte, sondern Marijke. Ich verstand, dass dies symbolisch gemeint war. Natasha wollte damit zeigen, dass sie das Fohlen für Marijke zur Welt bringen würde. Es war Marijke, die sich so auf das ungeborene Fohlen freute, dass sie es an sich gezogen hatte. Natasha bildete die Brücke, über die das Fohlen mit Marijke wiedervereinigt werden würde.

Als ich nach diesem erfreulichen Traum wach wurde und Marijke anrief, stellte sich heraus, dass Natasha gerade vor einer Stunde erneut gedeckt worden war. Nach diesem Deckakt holte Marijke Natasha voller Vertrauen zurück nach Hause und einige Wochen später bestätigte eine Ultraschalluntersuchung, was wir in unserem Herzen schon wussten: Natasha war tragend.

Ein Jahr später bekam Natasha ein wunderschönes fuchsfarbenes Stutfohlen. Marijke nannte das Fohlen Fleur. Ich muss ehrlich zugeben, dass ich ein wenig eifersüchtig war, als Fleur geboren wurde. Ich gönnte es Marijke sehr, vermisste Natasha an diesem Tag aber mehr als je zuvor. Ich erinnerte mich wieder daran, was Natasha im Traum gesagt hatte: „Nanda, genau so wie Marijke eine Seelenverbindung mit dem ungeborenen Fohlen hat, so hast du eine Seelenverbindung mit mir. Ich habe nicht mehr so lange zu leben. Einige Zeit, nachdem das Fohlen geboren wurde, werde ich sterben. Durch Eden werde ich aber neu geboren und so komme ich zu dir zurück. Alles ist verbunden, Nanda. Alles ist verbunden. Es gibt keinen Grund zur Traurigkeit und schon gar nicht für Missgunst, denn das Universum ist vollkommen."

Ich machte mir klar, dass Fleur als Antwort auf einen tiefen, unbewussten Wunsch von Marijke zu ihr zurückgekommen war. Genauso würde Natasha durch meine tiefe Sehnsucht zu mir zurückkommen. Sie war schließlich schon eher auf wunderbare Weise in mein Leben gekommen, als ich ein junges Mädchen war.

Ich hatte von klein an den großen Wunsch nach einem Pferd gehabt, aber meine Eltern konnten es sich in der Zeit nicht erlauben, mir ein Pony oder ein Pferd zu kaufen. Trotzdem war ich fest davon überzeugt, dass es irgendwo auf der Welt ein Pferd gab, das zu mir gehörte. Ein Pferd, das bei mir sein wollte, zumindest, wenn es selbst die Wahl hatte. Ich fand es ungerecht, dass Pferde einfach von Menschen gekauft werden konnten, und ich wünschte mir die Zeiten zurück, in denen Pferde noch wirklich frei waren. Inzwischen weiß ich, dass Pferde noch immer selbst wählen, wem sie gehören wollen. Auch wenn man kein Geld hat, gibt es Möglichkeiten, einem Pferd zu begegnen, genau so, wie *soulmates* dafür bestimmt sind, einander zu finden.

Als ich sechzehn Jahre alt war, zog ein Engländer in unsere Straße. Er hieß Mr. Smith. Er war ein sehr aristokratischer älterer Herr, der immer eine englische Steppjacke, Jodhpurstiefel und eine karierte Kappe trug. Seiner Kleidung wegen vermutete ich, dass er etwas mit Pferden zu tun hatte, und ich fragte mich, ob er in dieser Hinsicht nicht etwas für mich würde bedeuten können. Obwohl ich normalerweise nicht so mutig war, fasste ich mir eines Tages ein Herz und ging auf ihn zu. Ich fragte ihn, ob er vielleicht ein Pferd habe, und er sagte, dass dies tatsächlich der Fall war.

Ich erzählte ihm begeistert über alle Ponys und Pferde, die ich bei den Bauern in der Gegend versorgte und ritt. Wie ich im Reitstall half und dafür oft kostenlos reiten durfte und wie gern ich irgendwann ein eigenes Pony oder Pferd haben wollte. Mr. Smith lächelte verständnisvoll.

Als ich am nächsten Tag mit einem meiner Pflegeponys (einem kleinen Welshwallach, bei dem meine langen Beine beinahe auf dem Boden schleiften) bei ihm vor der Tür stand, bot er mir an, mich einmal zu seinem Pferd mitzunehmen. Ich konnte es kaum abwarten, bis es einige Tage später endlich so weit war.

Das Pferd von Mr. Smith war eine Warmblutstute, ein wunderschöner Fuchs mit heller Mähne, gerade vier Jahre alt geworden. Mr. Smith erzählte mir, dass sie zwar einen offiziellen Namen in ihren Papieren stehen hatte, jedoch noch keinen „richtigen" Namen hatte. Er fragte mich, ob ich vielleicht einen schönen Namen wüsste.

Darüber brauchte ich nicht lange nachzudenken. Ich hatte schon seit Jahren einen Namen ausgesucht, falls ich einmal ein eigenes Pferd oder Pony bekommen sollte. „Natasha", antwortete ich. „So würde ich mein Pferd nennen." „Dann werden wir sie von nun an so nennen", sagte Mr. Smith.

Mr. Smith hatte in seinem Leben einen reichen Schatz an Pferdewissen aufgebaut, den er gern teilte. Er war schon über siebzig und konnte aufgrund seiner körperlichen Verfassung seit Jahren nicht mehr selbst reiten. Trotzdem wollte er sein großes Hobby nicht aufgeben. Weil er sich ein Leben ohne Pferde nicht vorstellen konnte, hatte er unlängst wieder ein junges Pferd gekauft.

Er beschloss, Natasha von mir bereiten zu lassen, und rückblickend glaube ich, dass er daran genauso viel Spaß hatte wie ich. Jeden Tag nahm er mich nach der Schule mit zu dem Stall, in dem Natasha stand. Er gab mir Unterricht auf Natasha und brachte mir alles bei, was ich sonst noch über Pferde wissen wollte. Obwohl er ein klassisch ausgebildeter Reiter war, ging er sehr natürlich mit Pferden und Menschen um. Er sagte mir nie, was ich falsch machte, sondern bestärkte, was ich gut konnte. Dadurch wuchs mein Selbstvertrauen. Er korrigierte mich auch nicht, wenn ich eigensinnig war (und das war ich oft in dieser Zeit), ließ mich aber die Konsequenzen meiner Entscheidungen spüren, damit ich daraus lernen konnte.

Nach einiger Zeit fragte ich Mr. Smith, ob ich Turniere mit Natasha reiten dürfe.

„Natürlich", antwortete er, „wenn es das ist, was du wirklich willst, dann werde ich dich unterstützen wo ich kann. Obwohl ich dir persönlich immer empfehlen würde, nur zum Spaß zu reiten. Er erklärte mir, dass es viel wertvoller sei, Zufriedenheit aus dem Umgang mit dem Pferd zu schöpfen als aus der Wertschätzung der anderen.

Wie gesagt, war ich eigensinnig und nahm seinen Rat nicht an. Mr. Smith tat nichts, um mich von seinem Standpunkt zu überzeugen, sondern unterstützte mich völlig in meiner Entscheidung. Von da an war er mein größter Fan bei jedem Turnier. Wenn ich gewann, strahlte er vor Stolz; wenn ich aber verlor und mich fragte, wofür ich dies alles tat, wiederholte er immer wieder seinen allerersten Rat: „Reite einfach nur zum Spaß."

Ungefähr ein Jahr nachdem wir mit den Turnieren angefangen hatten, begann Natasha hin und wieder zu lahmen. Der Tierarzt führte eine ganze Reihe von Untersuchungen durch, die wirkliche Ursache konnte jedoch nie gefunden werden. Es stellte sich aber heraus, dass Natasha ungeeignet für den Springsport war.

„Wenn es der Sinn der Sache ist, dieses Pferd im Springsport einzusetzen, dann kann ich Ihnen nur empfehlen, dieses Pferd einschläfern zu lassen", fasste der Tierarzt zusammen. „Wenn sie nur freizeitmäßig geritten wird, können wir vielleicht mit Medikation oder einem speziellen Beschlag noch etwas tun. In dem Fall ist es gut möglich, dass sie noch ein produktives Leben führen kann." Der Tierarzt schaute Mr. Smith abwartend an.

Ich schaute Mr. Smith ebenfalls an und hoffte tief in meinem Herzen, dass er sich nicht dafür entscheiden würde, Natasha einschläfern zu lassen.

Mr. Smith hatte jedoch nicht vor, irgendetwas zu entscheiden. Er teilte mir mit, dass es meine Entscheidung sein würde. Ich musste zwischen Natasha und dem Turniersport wählen, und rückblickend war das eine Wahl zwischen meinem Ego und meiner Seele.

Glücklicherweise brauchte ich keine Sekunde darüber nachzudenken. Ohne eine Spur des Zweifels entschied ich mich für Natasha. Dadurch, dass Mr. Smith so viel Vertrauen in mich setzte und mir die freie Wahl ließ, wurde diese Entscheidung für mich zu einer lebensverändernden Erfahrung. Nur wenn man sich für etwas bewusst und in voller Freiheit entscheidet, ist man in der Lage, alle Konsequenzen zu tragen und daraus zu lernen. Die Situation ist ganz anders, wenn man zu einer bestimmten Entscheidung gezwungen wird. In dem Fall hat man das Gefühl, dass einem alles „angetan" wird. Mit Pferden funktioniert das genauso. Wenn man ihnen immer die Wahl lässt, lernen sie am meisten und werden enorm motiviert.

Natasha bekam Ruhe und Medikamente und wurde schließlich wieder gesund. Als ich sie später wieder reiten konnte, zeigte sie sogar keine Spur von Lahmheit mehr. Trotzdem hatte ich die Möglichkeit, dass ihre Schmerzen zurückkommen konnten, immer im Hinterkopf. Deshalb sorgte ich immer dafür, dass sie nicht überfordert wurde. Unbewusst öffnete ich mich ihr auf diese Weise. Es war nun nicht mehr so, dass ich ihr meine Gedanken auferlegte, nun wollte ich wissen, was in ihr vorging. Dadurch, dass ich mich für sie öffnete, war es beinahe so, als würde ich eine Tür öffnen. Jetzt konnte mir Natasha ihre Gedanken mitteilen.

Wenn ich in diesem Zustand auf ihr ritt, überkam mich eine tiefe Ruhe und Zufriedenheit. Es war die Verbundenheit mit allem, die mir Natasha nun zeigen konnte. Probleme verschwanden wie Schnee in der Sonne, wenn ich sie in diesem empfänglichen Zustand ritt. Immer wenn ich emotional aus der Balance geraten war, half Natasha mir, mein Gleichgewicht wiederzufinden.

Mr. Smith hatte recht: Es geht nichts über das Reiten einfach nur zum Spaß.

Zwei Jahre nachdem Mr. Smith in unsere Straße gezogen war, ging er wieder weg. Er musste aufgrund von familiären Umständen zurück nach England. Vor seiner Abreise übergab er Natasha offiziell an mich. Ich war gerade achtzehn Jahre alt und hatte keinen Pfennig. Trotzdem war Natasha auf wunderbare Weise mein Eigentum geworden.

„Von Anfang an wusste ich, dass Natasha dein Pferd ist", sagte mir Mr. Smith, kurz bevor er ging. „Ich wusste, dass ihr zusammengehört und ich bin froh, ein Pferd mit seinem Menschen vereinen zu können. Du hast mir gezeigt, dass du es wert bist, ein Pferd zu besitzen, weil du dich für sie und nicht für deine Turnierambitionen entschieden hast. Meine Aufgabe hier ist vollendet; lasst es euch gut gehen, ihr beiden." Einige Tage später verschwand er genauso plötzlich aus unserer Straße, wie er gekommen war. Als meine Freundin sagte, manchmal scheine es so, als hätte es Mr. Smith nie wirklich gegeben, wusste ich genau, was sie meinte. Ich hatte auch manchmal das Gefühl gehabt, dass Mr. Smith eine verkleidete gute Fee war und dass der Zauber jeden Moment vorbei sein könnte. Die ganze Situation fühlte sich so unwirklich an, dass es mich nicht verwundert hätte, wenn ich eines Tages einen Kürbis statt meines Pferdes im Stall vorgefunden hätte.

Mr. Smith war aber tatsächlich ein Mensch aus Fleisch und Blut, dessen Leben in England weiterging. Ich habe immer Kontakt mit ihm gehalten und ihn regelmäßig angerufen, wenn ich Pferdetipps brauchte, oder einfach nur, um mit ihm zu sprechen. Nachdem ich verheiratet war, habe ich ihn zusammen mit meinem Mann noch ein paarmal in England besucht. Er schickte treu eine Karte zu Natashas Geburtstag und ich schickte ihm regelmäßig Fotos von Natasha und mir. Mr. Smith stellte alle Fotos von Natasha und mir auf seinen Kaminsims, und nachdem meine Kinder geboren waren, kamen deren Babyfotos noch dazu.

So vergingen die Jahre, in denen mir Natasha half, durch alle *ups* und *downs* des Lebens hindurch in Balance zu bleiben. Ich versuchte, ihr größtmögliche Freiheit zu geben, und zog mit ihr so oft wie möglich in die Natur. Ihre Lahmheit kam nicht zurück, und nach einiger Zeit machten wir sogar hin und wieder einen kleinen Sprung: nur zum Spaß. Ich öffnete mich weiterhin für sie, was dazu führte, dass unsere Verbindung immer tiefer wurde.

Mr. Smith begleitete unsere Entwicklungen aus der Ferne und spielte bis zu seinem Tod eine wichtige Rolle in meinem Leben.

Als ich einige Jahre später vor der Entscheidung stand, Natasha an Marijke zu geben, hatte ich das Gefühl, dass Mr. Smith stolz auf mich war. Es fühlte sich so an, als ob ich das Wunder, das ich durch ihn hatte erfahren dürfen, nun an Marijke weitergeben durfte.

The circle is round

Nun hatte Natasha ein Fohlen bekommen: Fleur. Ich fühlte deutlich, dass Fleur zu Marijke gehörte, so wie Natasha zu mir gehörte. Ich war froh und dankbar, dass ich nun an der Reihe war, ein Pferd mit seinem Menschen zu vereinigen. Nach der Geburt von Fleur hatte ich das Gefühl, dass Natashas Mission erfüllt war. Von nun an an wurde meine Sehnsucht nach ihr jeden Tag größer.

Sie hatte damals im Traum gesagt, dass sie nicht mehr so lange leben würde und einige Zeit nach der Geburt von Fleur sterben würde. Ich spürte, dass dieser Moment jetzt näherkam.

Als Fleur ein Jahr alt war, bekam ich einen Anruf von einer sehr traurigen Marijke. Sie erzählte mir, dass es Natasha gar nicht gut gehe. Nach der Geburt ihres Fohlens begann sie wieder zu lahmen und schien jetzt auch große Schmerzen zu haben. Sie war inzwischen dreiundzwanzig Jahre alt und hatte ihren Lebenswillen offensichtlich verloren.

Ich wusste, dass es an der Zeit war, Marijke zu erzählen, was Natasha damals selbst vorausgesagt hatte. Auf jeden Fall war es schön, dass sie noch ein Jahr lang in guter Gesundheit ihr Fohlen genießen konnte, darüber waren Marijke und ich uns einig.

„Was soll ich jetzt tun?", fragte Marijke. „Ich sehe eigentlich keine andere Möglichkeit, als sie einschläfern zu lassen, aber das stelle ich mir so schrecklich vor."

„Folge deinem Herzen, Marijke", antwortete ich. „Meinen Segen hast du, wofür du dich auch entscheidest."

Genau so, wie Mr. Smith dies damals bei mir getan hatte, wollte ich Marijke mein vollstes Vertrauen schenken. Dies war ihre Entscheidung und nur wenn sie diese in aller Freiheit treffen konnte, würde sie Frieden mit den Konsequenzen haben. Am Ende des Telefongesprächs wusste Marijke noch nicht, was sie tun würde.

„Ich möchte noch eine Weile abwarten", sagte sie. „Ich lasse den Tierarzt noch mal kommen und dann sehen wir weiter. Ich halte dich auf jeden Fall auf dem Laufenden."

Eine Woche nach diesem Telefongespräch hatte ich wieder einen klaren Traum. In diesem Traum flog ich durch die Luft zu Marijkes neuem Haus, das ich in Wirklichkeit noch gar nicht gesehen hatte. Ich ging hintenherum zu den Ställen und fand dort Natasha in ihrer Box. Sie wirkte völlig durcheinander und lief aufgeregt hin und her. Dann ging sie direkt durch die geschlossene Tür aus ihrer Box und ich merkte, wie sie immer verwirrter wurde. Sie geriet in Panik und rannte durch die Wand ihres Stalles nach draußen auf die Weide. Es war deutlich zu sehen, dass sie nicht verstand, was mit ihr passierte und wie es kam, dass sie einfach so durch geschlossene Türen und Wände laufen konnte.

Ich folgte ihr bis auf die Wiese vor Marijkes Haus. Dort blieb sie stehen und schaute mich mit ihren großen dunklen Augen eindringlich an. „Ich verstehe es nicht, ich verstehe es nicht", sagte sie verzweifelt. „Was ist passiert? Was geht hier vor?"

Ich ging zu ihr hin und streichelte sie sanft. Ich legte meinen Kopf an ihren Hals und schlang meine Arme um sie. „Ich denke, dass du tot bist, Natasha …", sagte ich. Ich schaute auf und sah in der Ferne ein mir wohlbekanntes Auto mit einem Pferdeanhänger. Das Auto hielt auf der Höhe der kleinen Wiese an, auf der wir standen, und Mr. Smith stieg aus.

„The circle is round", sagte er. „Es ist an der Zeit, mit mir nach Hause zu gehen, Natasha."

Ich übergab Natasha feierlich an Mr. Smith und verabschiedete mich von ihr.

Mr. Smith nahm meine beiden Hände in seine Hände und sagte sanft: „Du kannst uns an dieser Stelle nicht weiter begleiten, meine Liebe. Ich werde für Natasha sorgen; alles ist genau so, wie es sein soll." Natasha verstand inzwischen, was hier vor sich ging, und hatte Frieden mit dieser Situation. Sie schaute mich noch einmal an, bevor sie von sich aus in den Pferdeanhänger ging. Mr. Smith schloss die Klappe und schaute mich auch noch einmal an, bevor er sich ins Auto setzte und wegfuhr. Kurze Zeit später sah ich, wie sich das Auto mit dem Pferdeanhänger und allem langsam in die Lüfte erhob.

Ich verstand nur allzu gut, welche Bedeutung dieser Traum hatte, und als ich später wach wurde, war ich sehr, sehr traurig. Ich zog mir einen Morgenmantel über und ging in die Küche, um mir einen Tee zu machen, als das Telefon klingelte. Es war Marijke, die bestätigte, was ich in meinem Herzen schon wusste. Sie hatte ihre Entscheidung getroffen und Natasha war an diesem Tag (während es bei uns in Amerika Nacht war und ich träumte) tatsächlich eingeschläfert worden.

Wir heulten beide, und schluchzend beschrieb ich ihr, wie ihr neues Haus und die Ställe aussahen. Es stimmte genau mit der Wirklichkeit überein. Ich beschrieb die kleine Wiese vor dem Haus, zu der Natasha mich geführt hatte. Es stellte sich heraus, dass der Tierarzt genau an dieser Stelle Natasha die Spritze gegeben hatte. Marijke berichtete ebenfalls sehr berührt, dass alles sehr schnell gegangen war. Der Lastwagen, der Natashas toten Körper abholen sollte, war bald gekommen, und bevor Marijke wirklich realisieren konnte, was geschah, war auch schon alles vorbei. Jetzt wurde mir auch klar, was Natashas Verwirrung verursacht hatte; sie hatte keine Zeit gehabt, zu verstehen, dass sie ihren Körper verlassen hatte und tot war.

Ich erzählte Marijke den Rest von meinem Traum und berichtete, dass Mr. Smith nun die Sorge für Natasha übernommen hatte. Es blieb natürlich ein sehr trauriges Ereignis, aber der Gedanke daran, dass auch auf der anderen Seite gut für Natasha gesorgt werden würde, beruhigte sowohl Marijke als auch mich.

Weil jeder Pferdebesitzer früher oder später mit dem Tod eines geliebten Pferdes konfrontiert wird und weil das so schwierig ist, will ich darüber gern noch etwas mehr erzählen.

Für uns Menschen mag der Tod oft ein sehr trauriges Ereignis sein, aber bei Pferden liegt das etwas anders. Sterben ist im Prinzip dasselbe wie Geborenwerden, nur in die andere Richtung. Es ist wie das Nach-Hause-Kommen in die andere Realität.

Weil Pferde während ihres irdischen Lebens niemals vergessen, wo sie herkommen, und weil sie wissen, dass sie dorthin zurückkehren werden, ist der Tod für sie nichts Bedrohliches. Es ist nur ein Übergang in eine andere Form des Seins.

Natasha war nach ihrem Tod ziemlich durcheinander. Nicht, weil sie gestorben war, sondern nur, weil sie es noch nicht realisiert hatte. Ich habe häufiger erlebt, wie Pferde starben, die ich kannte. Meistens hat so ein Pferd dann gerade eine Spritze bekommen und oft sind Pferde dadurch erst einmal durcheinander. Ich bin fest davon überzeugt, dass Euthanasie oft die einzige Lösung ist, und ich habe es noch nie anders erlebt, als dass Pferde die Entscheidung ihres Besitzers völlig respektieren.

Wenn ein Pferd eines natürlichen Todes stirbt, ist das jedoch ein sehr bewusster und langwieriger Prozess, bei dem das Pferd seine Energie langsam aus dem sterbenden Körper zurückziehen kann.

Ich hatte das Vorrecht, diesen Prozess bei unserem kleinen Shetlandpony Bullet aus der Nähe mitzuerleben. Bullet verbrachte seine alten Tage bei uns. Der Tierarzt schätzte ihn auf etwa fünfunddreißig Jahre, als er zu uns kam. Die Dame, der er gehörte, hatte ihn eines Morgens zu uns gebracht. Sie war davon ausgegangen, dass ich mich über ein Pony für meine Kinder sicher freuen würde. Der Tierarzt erzählte mir später, dass es in Amerika sehr häufig vorkommt, dass alte Ponys auf diese Weise zu Menschen gebracht werden. Es ist billiger und einfacher als eine Spritze vom Tierarzt. Ein Sprichwort besagt, dass man einem geschenkten Gaul nicht ins Maul schauen soll. Als ich dies dann aber doch tat, stellte sich heraus, dass Bullet fast keinen Zahn mehr hatte.

Wir waren, wie auch immer, sehr glücklich mit unserem alten Bullet. Er gehörte zu der Art von Ponys, die man in Amerika *Babysitter* nennt. Ein Pony, das so lieb und so erfahren ist, dass man ihm guten Gewissens Kinder anvertrauen kann. In den fünf Jahren, in denen er bei uns war, haben alle meine Kinder noch auf ihm reiten gelernt. Bullet lief frei im Garten herum und lag oft lang ausgestreckt in der Sonne und ruhte sich aus. Meine Kinder konnten sich in solchen Momenten einfach zu ihm legen und mit ihm knuddeln. Eigentlich war er mehr ein großer Teddybär als ein Pony. Er war Edens Kumpel, und auch mir hat er viel bedeutet.

Es stellte sich bald heraus, dass Bullet äußerst kommunikativ war. Das ist nicht selbstverständlich, denn bei Pferden ist es so wie bei Menschen: Mit manchen hat man sofort Kontakt, bei anderen wiederum hat man das Gefühl, auf einer anderen Wellenlänge zu sein. Mit dem einen ist man, ehe man es sich versieht, in ein Gespräch vertieft, während man mit dem anderen nach kurzer Zeit kein gemeinsames Thema mehr findet. Bullet war ein Pony, das gern und viel erzählte, und weil er (wegen seines hohen Alters) ein Leiden nach dem anderen bekam, war Gesundheit sein Lieblingsthema. Ich hatte oft gelesen, dass wild lebende Pferde selbst wissen, welche Kräuter sie brauchen, und diese auch finden. Bullet zeigte mir, dass das tatsächlich so ist. Er lebte zwar nicht wild, ging aber einfach in meinen Kräutergarten, um dort die Kräuter seiner Wahl genüsslich zu sich zu nehmen. Wenn er ein bestimmtes Kraut auf der Wiese oder in meinem Kräutergarten nicht finden konnte, „fragte" er auf seine Weise danach. Dank Bullet lernte ich die Wirkung vieler Kräuter kennen und mein Interesse an Naturheilkunde wuchs. Gleichzeitig half Bullet mir, immer mehr Vertrauen in meine telepathische Kommunikation mit ihm zu gewinnen. Wenn er telepathisch nach bestimmten Kräutern fragte, schaute ich in den Büchern nach, wofür sie eingesetzt werden, und jedes Mal stellte sich heraus, dass sie tatsächlich die Wirkung hatten, die Bullet ihnen zuschrieb.

Bullet brachte mir auch bei, mithilfe meiner Hände heilende Energie zu geben. Ich hatte damit schon häufiger experimentiert, fühlte mich auf dem Gebiet aber nicht so sicher. Bullet legte sich oft buchstäblich vor meine Füße, wenn er massiert werden wollte, und drehte sich immer so, dass ich genau die Stellen erreichen konnte, an denen er massiert werden wollte. Man konnte merken, dass ihm die Massage sichtlich guttat, irgendwie half es ihm also.

Insgesamt ist Bullet fünf Jahre bei uns geblieben, und wenn die Schätzung des Tierarztes stimmte, musste er inzwischen vierzig Jahre alt geworden sein. Er war noch immer relativ fit, bis auf den einen besagten Abend, an dem er sich nicht für sein Futter interessierte, nachdem ich ihn in den Stall gebracht hatte. Ich blieb an dem Abend noch lange bei ihm sitzen und ging eigentlich davon aus, dass er die Nacht nicht überstehen würde.

Am nächsten Morgen stand er jedoch wieder auf den Beinen und wollte nach draußen. Es war ein wunderschöner sonniger Tag im September und ich brachte ihn in die Reitbahn, wo er sich gleich in die Sonne legte. Er schaute mich fragend an, als wollte er mich dazu einladen, bei ihm zu bleiben. Ich setzte mich hinter ihn und legte seinen Kopf in meinen Schoß.

„Was ist los, lieber Bullet?", fragte ich ihn leise. „Kann ich etwas für dich tun? Dich massieren, Kräuter suchen oder vielleicht den Tierarzt anrufen?"

„Nein, nein", hörte ich Bullets zarte Stimme. „Ich bin nur so müde, so furchtbar müde …" „Du wirst sterben, oder?", fragte ich vorsichtig, während ich sein dickes lockiges Fell streichelte. „Ja", antwortete Bullet sehr beruhigend. „Meine Zeit ist gekommen; es ist gut gewesen."

Ich blieb ruhig bei ihm sitzen und merkte, wie er langsam, aber sicher die Energie aus seinem Körper entweichen ließ. Erst ließ er seinen Urin laufen und ich fühlte, wie er sich aus dem untersten Teil seines Körpers zurückzog. Dann wurde seine Atmung immer langsamer und unregelmäßiger, bis er auch diesen Teil seines Körpers verließ. Ich hielt Bullets Kopf auf meinem Schoß und streichelte ihn ununterbrochen.

Nun war es Zeit, um im wahrsten Sinne des Wortes loszulassen. Ich legte seinen Kopf vorsichtig auf die Sägespäne und trat, ganz bewusst einen Schritt zurück. Bullet blies seinen letzten Atem aus und verließ seinen Körper; er war frei.

In der Nacht begegnete ich ihm wieder in der Traumwelt. Er dankte mir für meine gute Sorge, und ich versicherte ihm, dass ich ihm viel mehr zu danken habe als er mir. Er nahm mich mit zu einem amerikanischen Haus mit einem großen Garten, das ich in Wirklichkeit noch nie gesehen hatte. Aus dem Haus kam eine mir unbekannte Familie mit schon größeren Kindern. Ich verstand, dass Bullet den größten Teil seines Lebens dort verbracht hatte und mit den Menschen eine Seelenverbindung aufgebaut hatte. Die Kinder fingen an, Bullet zu streicheln, und waren sichtlich glücklich, ihr altes Pony wiederzusehen.

Ich konnte spüren, dass es freundliche Menschen waren, die das Beste für ihn wollten. Wie und wann sich ihre Wege getrennt hatten, wusste ich nicht, aber das war auch nicht so wichtig. Was wohl wichtig war, war die Tatsache, dass Bullet diese Menschen nicht vergessen hatte. Er war zwar schon seit Jahren aus ihrem Leben verschwunden, in der anderen Realität war er aber mit ihnen verbunden geblieben. Ob sich diese Menschen morgens noch daran erinnern würden, dass sie von ihrem alten Pony geträumt hatten? Und wenn das so war, würden sie dann begreifen, dass er Abschied von ihnen genommen und das irdische Leben verlassen hatte? Vielleicht fragten sie sich, warum sie an dem Tag so häufig an ihr altes Pony dachten oder warum sie plötzlich das Bedürfnis hatten, sich seine Fotos anzuschauen.

So wie Bullet sterben durfte, war es sehr friedvoll, aber ich bin mir gleichzeitig der Tatsache bewusst, dass dies in den meisten Fällen nicht möglich sein wird, denn auch in der Wildnis sterben Pferde häufig auf bedeutend weniger friedliche Weise. Wenn ein Pferd getötet werden muss und eine Spritze bekommt, kann man ihm jedoch helfen, indem man deutlich visualisiert, dass das Pferd seinen Körper verlassen und sterben wird.

Die Vorstellung mag für uns schmerzhaft sein, für das Pferd ist sie dies nicht. Man kann sich vorstellen, dass man sein Pferd loslässt, dass man ihm die Freiheit gibt, um in die andere Wirklichkeit zurückzukehren.

Wenn es möglich ist, hilft es sicher, den toten Körper noch eine Weile liegen zu lassen, sodass das Pferd Zeit hat, zu verarbeiten, was geschehen ist. Aber wie es auch läuft – sei dir bewusst, dass auch auf der anderen Seite gut für die Pferde gesorgt wird.

Nach Natashas Tod fühlte ich mich mehr denn je mit ihr verbunden. Wenn ich mit Eden arbeitete, spürte ich, dass Natasha immer bei uns war, wenngleich auch nicht in physischer Form. Das bedeutet übrigens nicht, dass sie Marijke und ihre Familie vergessen hatte. Auch Marijkes Tochter erzählte, dass sie Natasha immer dann bei sich fühlte, wenn sie traurig war.

Natasha war am Ende des Sommers gestorben und im darauffolgenden Herbst unternahm ich unzählige Ausritte mit Eden, während Natasha uns im *spirit* begleitete. Es wurde Winter und der Vorteil des Winters im Nordwesten von Amerika ist, dass es nicht wirklich kalt wird und nie friert. Wenn man keine Angst vor ein bisschen Regen hat, kann man den ganzen Winter hindurch reiten. Ich hatte mir vorgenommen, Eden im Frühjahr decken zu lassen, aber ich wollte nichts überstürzen und wartete auf den richtigen Zeitpunkt.

Zu meiner großen Freude hatte ich im Februar wieder einen klaren Traum. Diesmal holte mich Mr. Smith ab. Er nahm mich mit in einen großen Stall, in dem alle Pferde, mit denen er eine Seelenverbindung hatte, standen. Ich erkannte die meisten Pferde von Fotos oder aus Geschichten, die Mr. Smith mir während seines Lebens erzählt hatte.

Nachdem ich kurz über die Art der Zusammenarbeit mit ihm gesprochen hatte, brachte er mich zu Natasha.

„Die Zeit ist reif", sagte Natasha. „Du kannst Eden jetzt decken lassen. Sie freut sich darauf, nun die Mutterschaft zu erleben. Und auch ich bin wieder ausgeruht und verlange danach, zurückzukommen und mich mit Eden zu verbinden."

Kurz nach der schlechten Erfahrung, die ich mit Dr. Larry gehabt hatte, war ich einer netten Tierärztin begegnet, die Lisa hieß. Lisa hatte sich Edens Vorgeschichte aufmerksam angehört und sie behandelte sowohl Eden als auch mich mit Respekt.

Es machte ihr nichts aus, dass Eden sich von ihr kaum anfassen ließ, und sie überließ mir so viele praktische Handlungen wie möglich. Durch diese Vorgehensweise konnten wir alles tun, was getan werden musste, und Edens Vertrauen in andere Menschen wuchs.

Als ich meine Pläne, Eden decken zu lassen, mit Lisa besprach, konnte sie mir ein gutes Gestüt empfehlen. Dort stand ein wunderschöner Deckhengst, der einen guten Charakter hatte. Außerdem arbeitete dort ein Natural-Horsemanship-Trainer. Lisa hatte sowohl mich als auch ihn regelmäßig bei der Arbeit gesehen und war davon überzeugt, dass wir uns verstehen würden. Es würde das erste Mal sein, dass Eden wieder mit anderen Menschen in Kontakt kommen würde, und ich wollte, dass dies eine positive Erfahrung für sie sein würde. Ich fand den Trainer, der sie versorgen würde, deshalb fast noch wichtiger als den Hengst selbst.

Ich beschloss, mir das Gestüt anzusehen. Rocky, der Deckhengst, hatte tatsächlich einen sehr freundlichen Charakter und ich verstand mich gleich gut mit ihm. Er war wunderschön gebaut und hatte eine prächtige, goldglänzende Mähne und ein schokoladebraunes Fell.

Der Trainer, der Dennis hieß, war ein ruhiger älterer Mann, der bei John Lyons gelernt hatte. Wir kamen schnell ins Gespräch und merkten bald, dass wir die gleiche Wellenlänge hatten, was Pferdetraining betraf. Obwohl Dennis wieder andere Methoden anwendete als ich, hatten wir die gleichen Ausgangspunkte. Wir gaben unseren Pferden so viel Freiheit wie möglich, aber ohne unsere eigenen Grenzen dabei aus den Augen zu verlieren. Ich konnte sehen, dass Dennis und Rocky eine besondere Verbindung miteinander hatten, die auf Respekt und Vertrauen basierte.

Wir verabredeten, dass ich Dennis anrufen würde, wenn Eden rossig wurde, und dass er sie dann mit dem Pferdeanhänger abholen würde. Ich hatte ihm erzählt, dass es höchstwahrscheinlich nicht einfach werden würde, Eden zu verladen, weil sie in ihrer Vergangenheit schlechte Erfahrungen damit gemacht hatte.

„Wir werden sehen", antwortete Dennis. „Ich sorge dafür, dass ich genügend Zeit mitbringe."

Eden wurde ein paar Tage später rossig und der Tag, an dem Dennis sie abholen wollte, war gekommen. Ich war schon lange nicht mehr so aufgeregt gewesen. Es fühlte sich so an, als müsse mein „Kind" zum ersten Mal in die Schule. Es war eine gute „Schule" und der „Lehrer" war ausgesprochen freundlich und fähig, aber dennoch: Mir brach der Schweiß aus, wenn ich daran dachte, dass Eden so lange von zu Hause weg sein würde und jemand anders sie versorgen würde.

Ich würde selbstverständlich hinter Dennis herfahren, um sie wieder auszuladen. Und da das Gestüt in der Nähe war, würde ich sie auch jeden Tag besuchen können. Trotzdem fürchtete ich mich ziemlich vor dieser Aktion. Ich erwartete Dennis nun jeden Augenblick und weil ich drinnen doch nur ziellos hin und her lief, beschloss ich, schon mal nach draußen zu gehen. Ich ging über die Einfahrt zu dem ungepflasterten Waldweg, an dem unser Haus lag. An der Stelle, an der ich sehen konnte, wenn Dennis kam, blieb ich stehen.

Ich war in Gedanken versunken, als plötzlich ein junges Reh aus dem Wald kam. Rehe sind so zierliche Tiere und irgendwie erinnern sie mich auch immer ein bisschen an Fohlen.

Die *Native Americans* haben eine Legende, in der erzählt wird, wie ein Reh den heiligen Berg auf dem Weg zum *Great Spirit* besteigt. Unterwegs begegnet es dem Teufel, der versucht, dem Reh Angst einzujagen und es am Weiterklettern zu hindern. Jedes andere Wesen hätte sofort kehrtgemacht, wenn es den Feuer speienden Teufel gesehen hätte, aber das Reh blieb ruhig auf seinem Weg. „Bitte lass mich durch, Teufel", bat das Reh freundlich. „Ich bin unterwegs zum *Great Spirit*." Weil das Reh sich nicht bange machen ließ und weil es einfach weiterhin seine Liebe ausstrahlt, schrumpfte der Teufel zusammen. Dank des Rehs ist der Weg, der zum *Great Spirit* führt, nun für jeden offen. Die *Native Americans* glauben deshalb, dass das Reh die Botschaft mitbringt, dass man ruhig, aber entschlossen seinem Weg durch das Leben folgen und sich nicht einschüchtern lassen soll.

Ich war schon häufiger einem Reh begegnet, wenn ich Angst hatte, auf meinem Lebensweg weiterzugehen. Es half mir immer wieder, mein Herz zu öffnen und meine Angst zu überwinden. Dieses junge Reh schaute mich mit seinen großen dunklen Augen an und kam zu meinem Erstaunen geradewegs auf mich zugelaufen. Es blieb in weniger als einem Meter Abstand stehen. Wenn ich meine Hand ausgestreckt hätte, hätte ich sein zartes Maul berühren können. Ich blieb regungslos stehen, während ich eine samtweiche Stimme in meinem Kopf flüstern hörte: „Hazel … Hazel … ich bin es, Hazel. Alles wird gut, hab keine Angst. Ich bin es, Hazel."

Dann hörte ich das tiefe Geräusch des Pick-ups, der um die Kurve gefahren kam. Es war Dennis. Hazel schoss wie ein Pfeil zurück in den Wald, und ich wischte schnell die Tränen aus meinen Augen und ging tapfer auf Dennis zu: „Hallo Dennis, wie geht's Dir heute?"

Das Verladen von Eden war schwierig. Ich hatte zu Dennis gesagt, dass ich sie allein verladen wolle, aber es klappte nicht.

Ich fühlte mich im Zwiespalt; einerseits wollte ich, dass Eden zum Hengst ging, um gedeckt zu werden, andererseits fürchtete ich mich davor, Eden so lange entbehren zu müssen und die Sorge für sie anderen anzuvertrauen. Weil ich zwiespältige Signale gab, wusste Eden nicht, wie sie reagieren sollte.

Dennis fragte mich, ob er es probieren dürfe, und ich ließ ihn gewähren. Er wandte eine andere natürliche Methode an, aber Eden verstand schnell, was er meinte. Trotzdem ließ sie sich von Dennis nicht verladen, dafür war ihr Misstrauen gegenüber Fremden noch zu groß.

Während Dennis mit Eden beschäftigt war, dachte ich an meine Begegnung mit dem Reh zurück. „Ich bin es, Hazel", hatte sie gesagt. Ich wusste ganz sicher, dass das noch ungeborene Fohlen Hazel heißen würde. Es war, als ob die Seele, die geboren werden würde (und die erst Natasha war und nun Hazel werden würde), durch das Reh gesprochen hatte.

Mein Herz öffnete sich und ich fühlte, wie meine Angst dahinschmolz. Ich merkte plötzlich wieder, dass ich auf dem guten Weg war. Nun musste ich nur ruhig und entschlossen meinen Weg verfolgen, so wie das Reh in der Legende. Nachdem ich einige Male tief Luft geholt hatte, ging ich ruhig und entschlossen auf Dennis zu: „Lass' es mich auch nochmal ausprobieren." Ich griff den Führstrick und nahm Kontakt mit Eden auf. Eden fühlte, dass ich jetzt wirklich wollte, dass sie in den Pferdeanhänger ging, und folgte mir.

Auf dem Gestüt kam Eden jeden Tag mit allen anderen Stuten auf die Weide. Wenn die Stuten abends wieder hineinkamen, wurden sie in einer großen Herde in den Stall getrieben. In der Stallgasse standen einige Stallhilfen, die dafür sorgten, dass jedes Pferd in der richtigen Box landete. In einer der ersten Boxen an der großen Stallgasse stand der Deckhengst Rocky. Alle Stuten mussten bei Rocky vorbei, um in ihre eigene Box zu kommen. Dadurch hatte Dennis die Gelegenheit zu sehen, welche Stuten an diesem Tag besonderes Interesse an dem Hengst zeigten.

Ich ging zweimal täglich zum Gestüt und half jeden Abend mit, die Stuten hineinzubringen. In den ersten Tagen hielt Eden zwar kurz bei Rockys Box inne, aber wenn Rocky mehr Kontakt aufnehmen wollte, zeigte sie deutlich, dass sie das nicht wollte.

An einem Abend lief beim Hereinkommen aber alles anders. Eden hielt diesmal zielsicher bei Rockys Box an, und die beiden hatten, wie Dennis es nannte, „ein gutes Gespräch". „Ich glaube, sie haben schon ein Date vereinbart", scherzte Dennis. „Heute Abend gegen acht."

Ich ging nach Hause, um zu Abend zu essen, und kam kurz vor acht zurück zum Gestüt. Es schüttete und ich beeilte mich, von meinem Auto in den Stall zu kommen. Tagsüber war auf dem Gestüt immer sehr viel los, jetzt aber herrschte eine friedliche Stille. Alle Pferde waren gefüttert und alle Mitarbeiter nach Hause gegangen. Ich ging in Edens Box und hockte mich ins Stroh, während sie die letzten Reste ihrer Heuration fraß.

Um Punkt acht Uhr betrat Dennis den Stall. Während er Rocky aus seiner Box holte, ging ich mit Eden zu dem Platz, wo der Deckakt stattfinden sollte. Ich hielt Eden an einem langen durchhängenden Strick und blieb in Gedanken mit ihr verbunden. Dennis hatte Kontakt mit Rocky und führte ihn ebenfalls an einem langen durchhängenden Strick hinein. Wir sprachen beide kein Wort, das einzige Geräusch war das Prasseln des Regens auf dem Dach.

Rocky schnüffelte vorsichtig an Edens Nase und Eden antwortete mit einem tiefen, einladenden Wiehern. Sie drehte Rocky ihre Hinterhand zu und hob ihren Schweif. Der Hengst bestieg sie und der Deckakt verlief in völliger Harmonie. Es war ein magischer Moment und ganz sicher eine positive Erfahrung für Eden.

Als ich kurze Zeit später wieder nach draußen kam, regnete es noch immer sehr. Ich rannte mit der Jacke über dem Kopf zu meinem Auto und flüchtete mich hinein. Als ich den Zündschlüssel umdrehte, ging das Radio an und ich landete mitten in dem Stück von Lionel Richie: „I'm stuck on you. I've got this feeling deep down in my soul that I just can't lose. And I'm on my way …", klang es durch mein Auto. Ich wusste ganz sicher, dass das Fohlen, mit dem ich eine Seelenverbindung hatte, wieder unterwegs war.

In dieser Nacht träumte ich, dass ich schwanger war. Eden stand neben mir. „Lege deine Hände auf deinen Bauch und fühle", flüsterte sie mir zu. Ich legte meine Hände auf meinen Bauch und spürte winzig kleine Hufe trampeln. Dann sah ich Natasha, die sich langsam in ein kleines rehbraunes Fohlen verwandelte. „Ich bin es, Hazel", hörte ich wieder die samtweiche Stimme flüstern und wurde wach.

Eden kam einige Tage später nach Hause und ich war sehr stolz auf sie. Sie war in der Lage gewesen, einem Menschen, der ihr keinen Grund zum Argwohn gab, zu vertrauen. Ich dachte darüber nach wie wunderbar es war, dass Eden nun ein Fohlen bekam. Eden brauchte einen neuen Stall. Der alte Stall, aus dem sie fachkundig einen Offenstall gemacht hatte, war zu klein, vor allem weil wir zu dem Zeitpunkt auch noch einige Ponys hatten. Wir beauftragten eine Baufirma und das Fundament für den neuen Stall wurde gelegt.

Als ich eines Morgens aus dem Fenster schaute, konnte ich meinen Augen nicht trauen. Es sah aus der Ferne so aus, als würde ein kleines braunes Fohlen bei dem Fundament stehen. Ich schaute noch einmal und sah, dass es kein Fohlen war, sondern das junge Reh. Es blieb ruhig stehen, als ich nach draußen kam und zu ihm lief. Wieder hörte ich die samtweiche Stimme in meinem Kopf flüstern: „Hazel … Hazel … Ich bin es, Hazel."

In den kommenden Monaten kam das Reh regelmäßig vorbei, um zu schauen, wie weit der Bau des neuen Stalles war.

Manchmal sprang es in die Weide und ich sah es bei Eden und den Ponys stehen. Und einmal folgte es mir und Eden auf einem Ausritt.

Der Herbst war schon fast zu Ende, bevor der neue Stall fertig war. Bald kam das schlechte Winterwetter. Edens Trächtigkeit war inzwischen weit vorangeschritten und das junge Reh kam nicht mehr. Ich war froh über den neuen warmen Stall, weil ich abends öfter bei Eden in der Box saß als im Haus. Manchmal saß ich einfach nur auf einem Strohballen und trank in Ruhe eine Tasse Tee, oft streichelte ich aber auch ihren Bauch, in dem ich Hazel nun gut fühlen konnte. Hazel suchte dann nach meinen Händen und so „spielten" wir miteinander. Ich sang für sie Lieder, die ich auch als junges Mädchen gesungen hatte, als ich mit Natasha über die Heide und durch die Wälder streifte.

Der Frühling kam und Hazel konnte nun jederzeit geboren werden. Der Sattel passte Eden schon eine ganze Weile nicht mehr und wir gingen nur noch manchmal ein Stückchen im Schritt ohne Sattel. Sie lag oft um sich auszuruhen, wenn ich abends in den Stall kam. Ihr Bauch war enorm; wenn Hazel sich darin umdrehte, konnte ich es von außen sehen. Ich ging immer wieder in den Stall, weil ich die Geburt natürlich auf keinen Fall verpassen wollte. Man hört oft Geschichten von Stuten, die ausgerechnet dann ihr Fohlen gebären, wenn ihr Besitzer gerade eine Tasse Kaffee holt. Aber ehrlich gesagt glaubte ich das bei Eden nicht. Ich hatte eher das Gefühl, dass sie es mir zeigen würde, wenn es so weit war. Das war auch tatsächlich der Fall.

Als ich eines Abends gerade dabei war, den Abwasch zu machen, schoss mir der Gedanke in den Sinn, dass ich schnell in den Stall musste. Ich warf die Spülbürste zur Seite, rannte so schnell ich konnte in den Stall und kam gerade noch rechtzeitig. Eden war völlig in Panik und schaute wild um sich, während das Fruchtwasser an ihren Beinen entlanglief. Ich ging in die Box, um sie zu beruhigen und dann passierte plötzlich alles gleichzeitig. Eden presste mit einer langen Wehe das Fohlen heraus, erschrak furchtbar und floh in die äußerste Ecke der Box, während ich meine Arme ausstreckte und die kleine Hazel auffing.

Ich hätte keine Sekunde später kommen dürfen. Eden begann laut zu schnauben und fragte sich, sichtlich erstaunt, wo dieses fremde Fohlen herkam. Ich wusste ganz genau, wo es herkam, war aber selbst auch sehr überrascht, plötzlich mit einem warmen, klebrigen, rehbraunen Stutfohlen in meinen Armen dazustehen. Vorsichtig ließ ich mich mit dem kleinen Fohlen ins Stroh sinken. Behutsam streichelte ich seinen wundersam perfekten Körper, seine Hufe, die noch ganz weich waren, seine daunenweiche Mähne und seinen Schweif.

„Willkommen, willkommen zurück, meine liebe Hazel", flüsterte ich in ihr Ohr.

Eden sah an meiner Reaktion, dass von dem Fohlen keinerlei Gefahr ausgehen konnte. Sie überwand ihre Angst und kam näher.

Eden begann, Hazel zu beschnüffeln und zu lecken, während das Fohlen noch immer auf meinem Schoß lag. So teilten wir drei diesen besonderen Augenblick.

In Amerika ist die Methode des sogenannten *imprinting* immer mehr im Kommen. In Deutschland wird dies übersetzt mit Prägung. Diese Methode geht davon aus, dass die ersten Eindrücke, die ein Fohlen hat, bleibend sind. Deshalb gewöhnt man das Fohlen an so viele Dinge wie möglich. So, wie es in Amerika gemacht wird, ist es für meinen Geschmack zu leistungsorientiert. Dabei steht nicht das Interesse des Fohlens, sonders das des Trainers im Mittelpunkt. Gerade weil die ersten Eindrücke für das Fohlen so prägend sind, wollte ich, dass sie so fein und liebevoll wie möglich waren.

Wenn Eden sich von Anfang an selbst um ihr Fohlen gekümmert hätte, hätte ich höflich abgewartet, bis sich ein geeigneter Zeitpunkt abgezeichnet hätte, denn die Verbindung zwischen Stute und Fohlen steht natürlich im Vordergrund. Nachdem mir Hazel aber im wahrsten Sinne des Wortes in den Schoß gelegt worden war, nutzte ich die Gelegenheit dankbar. Ich berührte sie überall und massierte sie leicht, um den Blutkreislauf anzuregen. Wenn eine Stute ihr Fohlen leckt, hat das den gleichen Effekt. Dann massierte ich ihre Ohren; das hilft dem Fohlen, sich besser in seinem Körper zurechtzufinden, weil die dort liegenden Akupressurpunkte einen Effekt auf den ganzen Körper haben. Um auch die Verdauung anzuregen, massierte ich zum Schluss noch ihren Bauch. Alles, was ich tat, richtete sich vor allem auf das Wohlbefinden von Hazel, aber gleichzeitig lernte sie auch, dass ich keinerlei Bedrohung für sie darstellte. Das sollte für immer in ihrem Gedächtnis bleiben. Allgemein wird angenommen, dass man eine Stute und ihr Fohlen während der Geburt nicht stören soll. Dem stimme ich grundsätzlich auch zu. Wenn man aber eine Seelenverbindung mit der Stute hat und ihr völliges Vertrauen genießt, dann kann die Anwesenheit des Menschen etwas hinzufügen. Hazel wurde erst von mir in der Welt begrüßt und kurze Zeit später auch von Eden. So lernte sie in den ersten Stunden ihres Lebens, dass sie uns beiden vertrauen kann.

Mutter und Tochter ging es am nächsten Morgen hervorragend und Hazel ging zum ersten Mal mit Eden nach draußen. Ein Fohlen bleibt auch in den ersten Tagen und Wochen sehr sensibel für alle Eindrücke, die es erfährt. Genau wie ein gerade geborenes Baby ist es noch sehr offen für seine Umgebung.

Weil Hazel inzwischen ein fröhlicher Springinsfeld war, ging ich nun einen Schritt weiter in der Prägung. Ich legte ihr ein Halfter um und brachte ihr bei, am durchhängenden Führstrick zu folgen. Ich hatte nicht damit gerechnet, dass Eden mir helfen würde. Sie lief hinter Hazel her und drückte sie mit ihrer Nase in die Richtung, in die sie gehen sollte. Wenn Hazel manchmal kurz zweifelte, schaute Eden sie eindringlich an, als ob sie sagen wollte: „Du musst Nanda brav folgen, sie ist die Leitstute." So wurde auch die Erziehung des Fohlens etwas, was wir gemeinsam übernahmen und worin sich unsere tiefe Verbindung als nützlich erwies.

Ich brachte Hazel bei, ihre Hufe zu geben, ich hob sie hoch und berührte sie überall. Ich hielt sie sogar zwischen meinen Beinen eingeklemmt fest. Das nennt man in Amerika *straddling*. Man kann es nur dann tun, wenn das Fohlen klein genug ist (oder die Beine des Menschen lang genug sind), sodass absolut kein Gewicht auf dem Rücken des Fohlens ruht. Es bereitet das Fohlen darauf vor, später in seinem Leben einen Reiter über sich zu haben.

Das Allerwichtigste bei der Prägung eines Fohlens ist für mich, dass es auf eine liebevolle Weise geschieht, ohne dass irgendeine Form von Zwang angewendet wird.

Mit der richtigen Einstellung kann man in den ersten Stunden, Tagen und Wochen eine fantastische Basis für eine tiefe Vertrauensverbindung legen.

Die meisten Fohlen werden mit drei oder vier Monaten abgesetzt. Eigentlich gibt es keinerlei Grund dafür, Fohlen so früh abzusetzen, wenn man nicht berufsmäßig, sondern nur aus reiner Freude ein Fohlen großzieht. Ich hatte meine eigenen Kinder gestillt und hatte das so lange getan, wie wir es beide wollten. Dieselbe Freiheit wollte ich Eden auch geben. Das bedeutete aber nicht, dass ich es ihr einfach selbst überließ. Als ich eines Tages sah, dass Eden immer zurückhaltender wurde, unterstützte ich ihren Entschluss, indem ich Hazel nachts in einen anderen Stall stellte. Mutter und Tochter konnten sich über die niedrigen Zwischenwände zwar sehen, Hazel konnte aber nicht mehr dauernd trinken, sodass Eden auch etwas Ruhe bekam. Den Rest regelte Eden ganz allein, und als Hazel beinahe ein Jahr alt war, trank sie fast gar nicht mehr bei ihrer Mutter. Auf diese Weise ist das Absetzen ein ganz natürlicher Prozess, der für die Stute und das Fohlen nicht traumatisch zu sein braucht.

Hazel ging es hervorragend, sie wuchs und gedieh und war sehr anhänglich. Wenn ich sie rief, kam sie sofort angerannt und ließ sich von der ganzen Familie gern streicheln und knuddeln. Wenn ich in der Reitbahn auf Eden ritt, schaute Hazel über den Zaun hinweg interessiert zu. Sobald ich das Tor öffnete und Eden zurück auf die Weide brachte, schoss Hazel meistens in die Reitbahn. Sie konnte es kaum abwarten, alle interessanten Dinge, die ich mit ihrer Mutter tat, auch auszuprobieren.

„Willst du auch mal einen Sattel tragen, Hazelchen?", fragte ich sie und legte ihr den Sattel ihrer Mutter auf den Rücken. „Was bist du für ein großes Mädchen!", lobte ich sie dann, während sie ganz stolz um sich herschaute. Hazel kannte keinerlei Angst und hatte an allem Spaß.

Eines Morgens wurde ich davon wach, dass ich Hazel wiehern hörte. Ich sprang aus dem Bett und rannte nach draußen. Es war Hochsommer und ich hatte die Pferde schon eine Zeit lang abends nicht hereingeholt. In dieser Nacht war aber ein Brett vom Zaun abgefallen und Hazel war durch das entstandene Loch aus der Weide geklettert. Eden war noch in der Wiese, und weil Hazel nicht wusste, wie sie zu ihrer Mutter zurückkommen sollte, war sie sehr in Panik. Ich rief ihren Namen, um sie schon aus der Ferne zu beruhigen. Hazel schaute mich an und kam in voller Fahrt auf mich zugerannt. Sie bremste kurz vor mir ab und legte ihren Kopf auf meine Schulter. Die glücklichen, erleichterten Geräusche, die sie dabei machte, konnten nur eins bedeuten: „Oh wie gut, dass du da bist. Ich hatte so eine Angst und ich war ganz allein."

Ich streichelte sie und gab ihr einen dicken Kuss auf ihre samtweiche Nase. „Komm mal schnell mit, Hazelchen", sagte ich. „Dann bringe ich dich wieder zu deiner Mutter." Hazel folgte mir ohne Strick oder Halfter zum Weidetor. Dadurch, dass ihre Aufregung vorbei war, sobald sie mich sah, verstand ich, dass sie mich auf jeden Fall als Teil ihrer Herde betrachtete.

Als Hazel etwas mehr als ein Jahr alt war, wohnten wir in einem anderen Haus, bei dem manche Wiesen ziemlich weit von der Reitbahn entfernt waren. Ich arbeitete ab und zu mit ihr in der Reitbahn. Sie folgte mir ohne zu zögern, weg von ihrer Mutter und den anderen Pferden. Eines Tages musste ich sie eben in der Reitbahn allein lassen, weil ich etwas in der Sattelkammer holen musste. Hazel wurde sehr unruhig. Sie wieherte in den höchsten Tönen und versuchte, über das Tor der Reitbahn zu springen und zu klettern. Ich beeilte mich, um schnell wieder bei ihr zu sein, und sobald sie mich sah, war alles wieder gut. Sie legte ihren Kopf auf meine Schulter, und es war überdeutlich, dass sie durch mich ihr Sicherheitsgefühl wiedergefunden hatte. Ich hatte gedacht, dass es Hazel wenig ausmachte, ihre Herde zu verlassen, aber das war nicht der Fall. Sie „klebte" ziemlich an den anderen Pferden, aber sie betrachtete mich auch als Pferd.

Zu einem späteren Zeitpunkt, als Hazel zwei Jahre alt war, fing sie an, ihre Mutter hin und wieder auszutesten. Sie war inzwischen so groß wie Eden und sichtlich in der „Pferdepubertät". Eden und ich arbeiteten wieder zusammen, um Hazel zu erziehen. Jetzt hatte ich sie als Führpferd von Eden aus, und immer wenn sie an uns vorbeischießen wollte, zeigten Eden und ich ihr beide, wo ihr Platz war.

Dadurch, dass ich von Anfang an auf eine natürliche Weise mit Hazel umging, entwickelte sie ein grenzenloses Vertrauen in Menschen und Respekt vor Menschen. Wieder einmal mehr wurde mir deutlich, wie tief die Wunden von Eden gewesen sein mussten und wie unnatürlich die Menschen sie behandelt haben mussten, dass sie sich selbst so weit von ihrem natürlichen Seinszustand entfernt haben konnte.

Und wie ist es mit den Menschen, die Pferde so behandeln: Wie weit sind sie dann wohl von ihrem natürlichen Seinszustand entfernt?

Zurück in den Stall

Nach dem Tod von Bullet hatten wir noch zwei andere Ponys für die Kinder. Eines der Ponys war Jasmine, die kleine Shetlandstute, die ich auf einer Versteigerung gefunden hatte. Als ich Jasmine zum ersten Mal sah, hatte sie stark entzündete Augen mit dicken verkrusteten Rändern aus gelbem Eiter. Mit ihrem einen Auge schien sie noch etwas sehen zu können, während das andere Auge völlig matt, grau und sichtlich erblindet war. Jasmine hatte keinerlei Training gehabt und sah außerdem nicht, was um sie herum geschah. Sie war sehr nervös und sprang in alle Richtungen. Ich musste noch fünfhundert Dollar bezahlen, um sie von diesem schrecklichen Ort wegbringen zu können, aber das Geld hatte ich gern für sie übrig.

Lisa, die Tierärztin, kam am nächsten Tag vorbei, um ihre Augen zu behandeln. Sie vermutete, dass Jasmines Zustand durch eine einfache Augeninfektion entstanden war, die jahrelang unbehandelt geblieben war, reine Nachlässigkeit also. Es stellte sich heraus, dass Jasmine tatsächlich auf ihrem einen Auge völlig blind war, während sie in ihrem „guten" Auge noch ungefähr zwanzig Prozent ihres Sehvermögens behalten hatte. Lisa konnte jedoch nicht garantieren, dass das „gute" Auge nicht auch eines Tages blind werden würde.

Außerdem kugelten ihre Knie beim Laufen manchmal aus. Das konnte sich nur verbessern, wenn das Pferd mehr Hinterhandmuskulatur entwickelte, aber das war bei Jasmine nicht zu erwarten.

„Sei dir bewusst, dass sie nie gelernt hat, einen Reiter zu tragen", sagte Lisa. „Du kannst sie nicht trainieren, weil sie blind ist und außerdem ist sie zu klein, um geritten zu werden."

Bevor sie alle teuren Salben und Antibiotikaspritzen anwendete, fragte sie mich noch einmal ernst, ob ich Jasmine nicht doch lieber einschläfern lassen wollte. Ihre Rechnung würde um vieles höher sein als der Wert der blinden Stute, die sowieso keine Zukunft zu haben schien. Ich versicherte Lisa, dass ich Jasmine nicht von der Auktion gerettet hatte, um sie dann einschläfern zu lassen. Ich sah etwas in ihr, und ich war fest entschlossen, sie aufzupäppeln.

Durch die Medikamente war die Augeninfektion schnell geheilt und Jasmine hatte jedenfalls keine Schmerzen mehr. Jetzt kam das Training. Ich fing mit Bodenarbeit an und gewöhnte sie auch an den kleinen Sattel. Das Problem war, dass Jasmine nicht sehen konnte, was ich tat, sodass sie eigentlich blindes Vertrauen in mich haben musste. Glücklicherweise war sie sehr klein, und ich hatte außerdem den Eindruck, dass ihre anderen Sinnesorgane ihr schlechtes Sehvermögen zu kompensieren schienen. Jasmine war ein sehr verlegenes Pony und nicht so kommunikativ wie Bullet, aber sie war sehr sensibel. Ich konnte meine Gedanken leicht auf sie übertragen, sodass sie verstand, was ich tat und was ich von ihr erwartete.

Es dauerte nicht lange, bis sie einen Sattel und sogar Kinder auf ihrem Rücken akzeptierte. Ich führte sie herum und hielt den Kontakt zu ihr dauerhaft aufrecht. Der einzige Nachteil war, dass die Kinder nicht allein auf Jasmine reiten konnten. Durch die vielen Runden in der Reitbahn konnte sie leider auch keine gute Hinterhandmuskulatur aufbauen.

Als ich Jasmine eines Tages herumführte und darüber nachdachte, wie ich ihr sonst noch helfen könnte, hatte ich plötzlich ein Bild in meinem Kopf. In Gedanken sah ich Jasmine vor einer Kutsche laufen. Das war die perfekte Lösung! Pferde kommunizieren telepathisch auf sehr unterschiedliche Weise. Manche Pferde senden dabei Bilder statt Worte. Jasmine konnte im Alltag vielleicht nicht mehr viel sehen, aber vor ihrem geistigen Auge sah sie die Dinge noch sehr klar. Ich kaufte eine günstige Kutsche und ein Geschirr und begann so schnell wie möglich mit dem Training.

Es war nicht leicht, ein blindes Pony an eine klappernde Karre zu gewöhnen, und es war sicherlich auch keine logische Entscheidung. Trotzdem war ich davon überzeugt, dass wir auf dem guten Weg waren und dass ich Jasmine auf diese Weise würde helfen können. Der Wendepunkt kam, als sie eines Tages verstand, dass die Scherbäume der Kutsche keine Bedrohung, sondern eine Sicherheit darstellten. Sie hatte erlebt, dass sie wieder richtig flott traben konnte, ohne sich an irgendetwas zu stoßen, wenn sie zwischen den Scherbäumen lief. Die Verwandlung war enorm. In ganz kurzer Zeit wurde sie zu einem stolzen Pony. Sie hatte ihre innere Stärke gefunden. Im Lauf der Zeit entwickelte sich auch die Muskulatur ihrer Hinterhand und ihre Knieprobleme verschwanden.

Ihr schlechtes Sehvermögen war auch kein Problem mehr, weil sie es nun durch blindes Vertrauen kompensierte. Jasmine benahm sich immer besser, lief aufgerichtet und wurde richtig schön. Als Lisa wieder einmal vorbeikam, machte sie aus ihrem Erstaunen keinen Hehl. Sie konnte es kaum glauben, dass dieses schöne Pony mit seinem glänzenden fuchsfarbenen Fell und der dicken blonden Mähne dasselbe Pony war, wie das, was sie vor längerer Zeit behandelt hatte.

„Mir war überhaupt nicht aufgefallen, dass sie so hübsch ist", sagte sie überrascht.

Ich lächelte, denn mein „Geheimnis" war eigentlich ganz einfach. Jasmine strahlte jetzt das aus, was ich von Anfang an in ihr gesehen und entdeckt hatte. Sie war sich eines Teils ihrer Individualität bewusst geworden, der immer ihr Talent gewesen war, aber noch nicht mit Liebe ins rechte Licht gesetzt worden war. Ich hatte mir vorgenommen, Jasmine aufzupäppeln und dann ein gutes Zuhause für sie zu suchen. Letzteres war nie passiert. Ich fand es viel zu schön, mit Jasmine Kutsche zu fahren, und außerdem war sie inzwischen ein wunderbares Reitpony für die Kinder.

Durch das Kutsche fahren hatte sie ihre Behinderung überwunden und immer mehr Vertrauen bekommen; dadurch fühlte sie sich jetzt auch in anderen Bereichen viel selbstsicherer.

Außerdem hatten wir noch Sugar. Ein rotbuntes *Pony of the Americas*, ein kräftig gebautes kleines „Indianerpferdchen". Ich hatte Sugar für wenig Geld kaufen können, weil sie sich anderen Pferden gegenüber aggressiv verhielt und enorm bockte von dem Moment an, an dem sie aufgesattelt wurde.

Der Mann, von dem ich Sugar kaufte, sagte dazu, dass ich ihr lieber einen anderen Namen geben sollte, weil sie ihrem süßen Namen keine Ehre machte.

Ich beschloss, dass ich nicht Sugars Namen, sondern ihr aggressives Verhalten verändern wollte. Sugar war tatsächlich kein liebes Pferd; sie war so link, dass ich sie notgedrungen von den anderen Pferden fernhalten musste. Als ich mit ihr zu arbeiten begann, fiel es sofort auf, dass sie mir gegenüber überhaupt nicht aggressiv war, sondern eher ziemlich anhänglich. Sie war gefährlich, wenn andere Pferde in der Nähe waren, weil sie dann unerwartet auf ihre Artgenossen zustürmte, um zu treten und zu beißen. Aber ihre Aggression war nicht gegen Menschen gerichtet. Sobald Sugar gesattelt wurde, verkrampfte sie sich völlig, und sobald man den Sattelgurt anzog, fing sie tatsächlich fürchterlich an zu bocken. Es schien aber so zu sein, dass sich das Bocken gegen den Sattel richtete, nicht unbedingt gegen den Reiter. Ich überlegte mir, dass sie wahrscheinlich nie gelernt hatte, sich unter dem Sattel zu entspannen. Das kommt häufiger vor, wenn ein Pferd schnell eingeritten wird. Das Pferd drückt dann seinen Rücken weg, fängt aber irgendwann an, sich zu wehren, weil das unangenehme Gefühl immer stärker wird. Ich entschied mich, es auszuprobieren, und ritt Sugar ohne Sattel. Das war überhaupt kein Problem. Ich gewöhnte sie aufs Neue an den Sattel, so wie ich es bei einem jungen Pferd getan hätte, bis sie sich selbst dazu entschied, den Sattel zu akzeptieren. Erst dann lernte sie, sich unter dem Sattel zu entspannen. Danach war ein wunderbares Pferdchen, mit dem man schöne Ausritte unternehmen konnte. Wenn ich auf Eden ritt, musste ich immer konzentriert sein, während ich Sugar mit einer Hand lenkte und in meiner anderen Hand einen Becher Tee hielt. Eine schöne Erfahrung einer Veränderung.

Sugar war, genau wie Jasmine, kein besonders gesprächiges Pferd. Trotzdem bekam ich während der Ausritte, die ich mit ihr unternahm, hin und wieder Bilder von ihr. Auf den Bildern sah ich den großen Verkaufsstall, in dem sie jahrelang stand. Es war Fütterungszeit und Sugar stand in einem der hintersten Ställe. Sie wurde als eine der Letzten gefüttert. Alle Pferde waren sehr unruhig; es wurde hin und her gebissen und gegen die Stallwände getreten. Mein Magen zog sich zusammen; ich fühlte mich unruhig, ängstlich und vor allem bedroht. Dann sah ich überbesetzte Paddocks in diesem Stall. Ich verstand inzwischen, dass ich die Bilder durch Sugars Augen wahrnahm. Ich war Sugar, und ich sah und fühlte, was sie in all den Jahren gesehen und gefühlt hatte. Im Paddock wurde sie von den viel größeren Pferden, die höher in der Rangordnung standen, gebissen und getreten. Ich fühlte mich ängstlich und bedroht und ich merkte, dass ich keinerlei Ausweg hatte: Ich konnte mich der Gewalt in den übervollen Paddocks nicht entziehen.

Als die Bilder und die Gefühle verblassten, verstand ich nur zu gut, wie Sugar aggressiv geworden war. Sie hatte gar keine andere Wahl gehabt. Ich konnte das Bild mit meiner Erfahrung noch ergänzen. Der Mann, von dem ich Sugar gekauft hatte, war ein harter, unsympathischer Mann gewesen. Es wunderte mich ehrlich gesagt kein bisschen, dass unter den Pferden in seinem Verkaufsstall so viel Aggression herrschte.

In erster Linie war Sugar also das Opfer von Aggression gewesen und erst später selbst aggressiv geworden, um damit umgehen zu können. Wieder zu Hause machte ich die Probe aufs Exempel und stellte sie zusammen mit Jasmine in einen Paddock. Die kleine Jasmine war so sanftmütig, dass sie unmöglich eine Bedrohung für Sugar darstellen konnte. Nach ungefähr einer Woche kam eine ganz andere Sugar zum Vorschein. Sie hatte ein enormes Bedürfnis nach positivem Kontakt mit anderen Pferden. Ihr Selbstvertrauen wuchs allmählich, bis sie auch anderen Pferden wieder vertraute und ihrem süßen Namen alle Ehre machte.

Genau wie bei Jasmine hatte ich mir auch bei Sugar vorgenommen, sie aufzupäppeln und ein gutes Zuhause für sie zu suchen. Aber auch bei ihr vertagte ich Letzteres auf unbestimmte Zeit.

Inzwischen wurde ich immer häufiger gefragt, ob ich Menschen mit ihren Pferden helfen könnte oder ob ich Unterricht geben könnte. Ich schöpfte daraus viel Zufriedenheit. Kyle hatte mir schließlich gesagt, dass Eden mir alles über Natural Horsemanship beibringen konnte. Aber was ich von ihr gelernt hatte, war noch viel mehr als das. Es war nicht nur eine natürliche, sondern auch gleichzeitig holistische und intuitive Art, mit Pferden umzugehen. Ich nannte es *Holistic Horsemanship* oder noch lieber *Holistic Horsewomanship*, und ich eröffnete das *Eden Holistic Horsecenter*. In mir wuchs außerdem der Wunsch, meine Erfahrungen niederzuschreiben, sodass ich damit mehr Menschen und dadurch auch mehr Pferde erreichen konnte.

Das Leben war gut, aber es kam so, wie es häufiger passiert, wenn man meint, dass alles läuft. Plötzlich wendete sich das Blatt. Durch die wirtschaftliche Rezession in Amerika verlor mein Mann seine Stelle, und damit verloren wir auch unsere wichtigste Einkommensquelle und unsere Aufenthaltsgenehmigung. Wir würden das Land verlassen und unser Haus verkaufen müssen. Bei unserer Ankunft in Amerika hatte ich mich wie ein Pferd gefühlt, das endlich aus seinem Stall geflohen war und seine Freiheit gefunden hatte. Jetzt fühlte ich mich, als ob die Freiheit nun ganz abrupt vorbei war.

Ich hatte fünf Jahre in diesem wunderschönen Gebiet im Nordwesten von Amerika gewohnt. Ich hatte mich an die Aussicht auf die weiß verschneiten Bergspitzen des Cascade-Gebirges gewöhnt. Und ich hatte die weitläufigen Nadelwälder mit den hoch aufgeschossenen *Evergreens* in mein Herz geschlossen. Die Wälder, in denen es immer kühl und feucht war, sodass alles mit einer dicken Schicht Moos bewachsen war. Der Boden war mit Farnen überwuchert. Ich liebte diesen Ort, mein Holzhaus im Wald und alle Tiere, die dort lebten. Die Waschbären, die abends auf die Terrasse kamen, wenn man ein Schälchen Katzenfutter (oder noch lieber Marshmellows) für sie bereitstellte. Die Kojoten, die ich frühmorgens zurück in den Wald rennen sah, wenn ich die Pferde fütterte. Und die Diademhäher, große, knallblaue und freche Vögel, die mit ihrem Schnabel an das Fenster klopften, wenn man vergessen hatte Futter für sie hinzustellen.

Ich hatte sogar die Spannung genossen, als die Nachbarschaft von einem großen Puma heimgesucht wurde, der nachts durch die Gärten zog. Am meisten liebte ich aber die Rehe, die so vorsichtig, freundlich und unbeirrbar ihren eigenen Weg gingen.

Ich hatte mich auch daran gewöhnt, zwischen zwei Kulturen zu leben. Niemand hatte Erwartungen an mich, sodass ich mich völlig frei fühlen konnte. Eigentlich nahm ich das inzwischen *for granted*: Ich fand es ganz normal. So wie sich das geflohene Pferd an sein freies Leben draußen gewöhnt, so hatte ich mich an mein freies Leben in Amerika gewöhnt. Und so, wie ein freies Pferd nicht daran denkt, dass es wieder zurück in seinen Stall muss, so hatte ich nicht daran gedacht, jemals wieder dorthin zurück zu müssen, wo ich herkam: zurück in meinen Stall.

Entscheidungen und ihre Konsequenzen

Meine größte Sorge betraf jedoch nicht mich selbst und meine Familie, sondern meine Pferde. Wie sollte es mit ihnen weitergehen?

Der hochbetagte Bullet war nicht mehr, und das war jetzt Glück im Unglück, denn ich hätte ihn unmöglich mitnehmen können. Und ein neues Zuhause hätte ich für ihn auch nicht finden können.

Jasmine und Sugar waren beide gut aufgepäppelt und ich wollte eigentlich immer ein gutes Zuhause für sie suchen. Ich hatte es verschoben, weil ich es schwierig fand, aber jetzt war die Zeit gekommen, dem Versprechen nachzukommen.

Zufällig begegnete ich freundlichen Menschen, die ein Shetlandpony suchten – für ihre kleinen Kinder und als Gesellschaft für ihren Shetlandponywallach. Ich hatte ihnen erzählt, dass Jasmine fast blind war, aber auch, dass sie trotzdem ein prima Kinderpony war und außerdem gern eine Kutsche zog. Diese Menschen waren sehr interessiert, und als sie kamen, brachten sie ihren Shetlandponywallach im Pferdeanhänger mit. Das kleine Pony war sehr aufgeweckt und wir ließen ihn zusammen mit Jasmine frei im Paddock laufen.

Wir standen alle zusammen vor dem Zaun und schauten zu, wie die beiden Shettys durch den Paddock rannten. Ich fragte, wie der Wallach heiße.

„Er heißt Aladdin." war die Antwort. „Aladdin aus dem Disneyfilm über Jasmine und Aladdin." Als ich ihnen erzählte, dass das kleine Pony, wegen dem sie heute hier waren, Jasmine hieß, begannen wir alle zu lachen. Die beiden Ponys schienen füreinander bestimmt zu sein. Jasmine und Aladdin verstanden sich tatsächlich gut. Jasmine ging an dem Tag mit Aladdin nach Hause, und ich wusste, dass es gut war. Sie hatte ihren Platz gefunden.

Auch für Sugar fand ich eine prima Lösung. Terry, die Frau, die unser Haus kaufte, wollte sie gern haben. Sugar konnte auf diese Weise in ihrem eigenen Stall bleiben, was ich in ihrem Fall sehr gut fand. Vorläufig würde sie allein stehen, aber Terry hatte vor, bald ein zweites Pferdchen dazuzukaufen, damit Sugar Gesellschaft hatte. Außerdem war Terry eine sehr sanftmütige junge Frau, die in keinster Weise dem alten Besitzer von Sugar ähnelte.

In der Zeit, die uns noch in Amerika blieb, unternahmen wir zusammen einige Ausritte, Terry auf Sugar und ich auf Eden. Die Übergabe von Sugar verlief ganz allmählich, und ich wusste, dass auch Sugar ihren Platz gefunden hatte.

Dass Hazel mit uns zurückgehen würde, stand für mich außer Zweifel. Hazel war jung und voller Vertrauen, ihr würde die lange Reise nichts ausmachen. Die Verbindung, die ich mit Hazel hatte, war außerdem so besonders, und ich war so glücklich, dass sie ihren Weg zurück in mein Leben gefunden hatte. Ich würde sie niemals wieder hergeben.

Hazel würde mit dem Flugzeug transportiert, und Marijke hatte spontan angeboten, sie mit ihrem Pferdeanhänger vom Flughafen abzuholen. Sie könnte dann bei Marijke stehen bleiben, bis wir alles geregelt hatten. Eine hervorragende Lösung, fand ich.

Eden war es, um die ich mir Sorgen machte. Eden war dreizehn Jahre alt gewesen, als ich sie bekam, und inzwischen waren fünf Jahre vergangen. Als ich nach Amerika ging, hatte ich beschlossen, Natasha die lange Reise nicht anzutun, aber Eden war jetzt auch schon achtzehn Jahre alt. Es war zwar so, dass Eden keine Spur von Verschleißerscheinungen oder Arthrose zeigte. Sie würde körperlich also weniger Schwierigkeiten mit der Reise haben, aber bei Eden machte ich mir Sorgen über die emotionalen Konsequenzen.

Eden hatte von Anfang an bei mir kontinuierlich neue Dinge gelernt. Sie hatte immer wieder ihre Grenzen verlegt und ihre Ängste überwunden. Ich hatte große Bewunderung für sie und großen Respekt vor ihrem enormen Durchhaltevermögen. Sie hatte sich gewandelt – von einem traumatisierten wilden Pferd in ein liebes und anhängliches Pferd, das alles für mich tun wollte. Statt einer leidenden Stute war sie nun eine leitende Stute geworden. Das bedeutete nicht, dass sie jetzt ein einfaches Pferd geworden war, mit einer „Ich mach's einfach"-Mentalität. Im Gegenteil, sie war noch genau so sensibel und in ihrem Wesen noch genau so wild und pur wie zuvor. Diesen Teil von ihr hatte ich nämlich völlig intakt gelassen, weil ich sie niemals zu etwas gezwungen habe. Diese Reinheit, die wilde Kraft, hatte ich konserviert. Aber diese Kraft arbeitete jetzt nicht mehr gegen mich, sondern für mich.

Eden hatte sich gut verhalten, als sie zum Gestüt gegangen war. Sie war mir voller Vertrauen in den Pferdeanhänger gefolgt. Trotzdem war sie zitternd wie eine Pappel und klatschnass vor lauter Schweiß wieder herausgekommen. Sie hatte immer noch Platzangst, auch wenn sie diese Ängste für mich überwand. Sie war so weit gekommen, aber konnte ich ihr das antun? Konnte ich von ihr erwarten, dass sie zwei Tage in einem Lastwagen nach Los Angeles fuhr, um dann noch zehn Stunden im Flugzeug zu verbringen? Ich hatte schon Kontakt mit dem Transportunternehmen gehabt. Sie klangen äußerst professionell und freundlich, aber würden sie Eden auf dem Flughafen verladen können? Und würde sie keinen Herzinfarkt bekommen vor lauter Angst, wenn sie mit der ganzen Box ins Flugzeug gehen würde oder wenn die Motoren beim Aufsteigen Lärm machten? Mein Dilemma war genauso groß wie damals bei Natasha und es gab nur einen Weg: Ich musste Eden selbst fragen. Ich holte ein paarmal tief Luft und konzentrierte mich auf die Frage, ohne irgendeine Erwartung bezüglich ihrer Antwort zu haben. Ich ging in ihren Stall, legte meine Hand auf ihren Hals und öffnete mich für sie.

„Liebe Eden", begann ich, „du weißt, dass ich dich von Herzen liebe und dass ich dich am allerliebsten mitnehmen würde. Aber ich will tun, was für dich das Beste ist. Kannst du mir sagen, was das ist?"

Diesmal war ich nicht überrascht, als ich Edens Stimme laut und klar in meinem Kopf hörte. Dies war inzwischen das vertrauteste Geräusch in meinem Leben.

„Liebe Nanda", antwortete Eden, „du musst wissen, dass es keine gute oder schlechte Entscheidung gibt. Es gibt nur Entscheidungen und die daraus resultierenden Konsequenzen. Du musst auch wissen, dass unsere Verbindung so stark ist, dass wir uns nie wieder verlieren werden, ungeachtet deiner Entscheidung. Ja, du hörst richtig: deine Entscheidung. Du musst die Entscheidung treffen, und was du auch entscheidest, es wird gut sein. Du kannst dich dazu entscheiden, hier ein anderes Zuhause für mich zu finden; das würde ich akzeptieren, auch wenn es nicht leicht sein würde. Du kannst dich auch dazu entscheiden, mich mitzunehmen. Auch das wäre nicht leicht für mich, aber auch das würde ich akzeptieren. In beiden Fällen muss ich neue Ängste überwinden und aufs Neue meine Grenzen verlegen, aber in beiden Fällen werde ich auch mit dir verbunden bleiben. Immer wenn man ein Ziel erreicht hat und denkt, nun ausruhen zu können, bekommt man wieder eine neue Herausforderung.

Das ist die Essenz des ganzen Lebens. Ist es nicht auch das, was du jetzt erlebst, Nanda?"

Eden machte eine kurze Pause, um mir die Gelegenheit zu geben, alles sacken zu lassen, bevor sie weitersprach: „Wir sind nicht länger voneinander getrennte Wesen, Nanda. Du machst einen Teil meiner Seele aus, genauso wie ich ein Teil deiner Seele bin. Wir sind untrennbar miteinander verbunden und unsere Erfahrungen, Herausforderungen, Ängste und Siege laufen parallel. Welche Entscheidung du auch triffst, es werden immer negative und positive Konsequenzen damit verbunden sein. Denke tief über die Folgen deiner Entscheidungen nach und beschließe dann, mit welchen Konsequenzen du leben kannst."

„Ich darf gar nicht daran denken, wie es wäre, dich physisch nicht mehr bei mir zu wissen, Eden", antwortete ich. „Ich fühle auch, dass wir ein Teil der Seele des anderen sind, und ich darf nicht daran denken, wie es wäre, einen Teil meiner Seele in Amerika zurückzulassen. Ich finde es so schon schwierig genug, Amerika verlassen zu müssen, und ich denke, dass ich das nicht kann, wenn du hier zurückbleibst. Ich habe Angst, dass ich mich für immer zerrissen fühlen würde und nirgendwo Ruhe finden könnte, auch wenn ich verstehe, dass wir in der anderen Realität immer miteinander verbunden sein werden. Ich will es nur nicht auf meinem Gewissen haben, dass dir während des Transports etwas passiert. Stell dir vor, dass du vor Angst einen Herzinfarkt bekommst, weil ich dich nicht zurücklassen wollte. Das wäre so egoistisch von mir."

„Aber Nanda", sprach Eden weiter, „siehst du denn nicht, dass du mich sogar dann nicht verlieren würdest? Wir haben beide eine schwere Zeit vor uns. Muss man sich dann nicht für das entscheiden, wodurch man sich, wenn alles gut geht, am glücklichsten fühlen würde? Ist das schlussendliche Glück es nicht wert, dafür auch ein Risiko einzugehen?"

„Du nimmst es mir also nicht übel, wenn ich dich mit zurücknehme?", fragte ich, während wieder ein Lächeln auf meinem Gesicht erschien.

„Wie kann ich dir etwas übel nehmen, was du aus Liebe tust?", sagte Eden.

Mein Entschluss war gefasst. Ich würde sowohl Eden als auch Hazel mit zurücknehmen. Und ich würde dafür sorgen, dass die Reise gut verlaufen würde, aber wenn unverhofft doch etwas schiefgehen würde, dann wüsste ich jedenfalls, dass wir es versucht hatten.

Der normale Ablauf war, dass Eden und Hazel auf einem großen Lastwagen mit vielen anderen Pferden mitfahren würden. Dieses Szenario gefiel mir aber gar nicht. Alle Pferde mussten bei verschiedenen Adressen abgeholt und abgeliefert werden. Das bedeutete, dass viele zusätzliche Kilometer gefahren werden mussten. Wenn Eden und Hazel zusammen nach L. A. gehen würden, ohne noch mit anderen Pferden in Kontakt zu kommen, konnten sie außerdem zu Hause in Quarantäne gestellt werden.

Ich kannte einen etwas älteren Cowboy, der Jake hieß. Er hatte lange Zeit professionell Pferde transportiert, war aber inzwischen mehr oder weniger in Pension. Er war bereit, Eden und Hazel nach L. A. zu bringen, und ich hatte vollstes Vertrauen, dass er sie gut behandeln würde. Er würde regelmäßig anhalten, um sie ruhen zu lassen und ihnen Futter und vor allem Wasser zu geben. Ich kannte Jake gut und ich hatte die Telefonnummer seines Handys, sodass ich ihn unterwegs anrufen konnte, wenn ich das Bedürfnis hatte.

Am liebsten wäre ich selbst mitgefahren, aber das ging nicht. Ich musste auch mit meiner Familie umziehen und es gab noch sehr viel zu regeln. Aber irgendwie musste es auch möglich sein, während der Reise doch mit den Pferden verbunden zu bleiben. Auch wenn ich nicht körperlich mitfahren würde, konnte ich wenigstens in Gedanken mit ihnen reisen.

Das Verladen bei uns zu Hause machte mir Sorgen, denn ich wusste eigentlich sicher, dass ich bei der Abreise wieder gemischte Gefühle haben würde.

Als Eden mit dem Pferdeanhänger zum Gestüt gefahren war, fühlte es sich so an, als würde mein Kind zum ersten Mal in die Schule gehen. Das war allerdings nichts im Vergleich zu dieser Reise. Jetzt fühlte ich mich so, wie sich vermutlich eine Mutter fühlt, deren Kind in die erste eigene Wohnung zieht.

Jake kam früh am Morgen. Er hatte sich viel Zeit für das Verladen und den Trip nach L. A. genommen. Hinter seinem Truck hing ein enormer Trailer, der Platz für zwölf Pferde bot, den aber Eden und Hazel völlig zu ihrer Verfügung hatten. Wir luden Kraftfutter, Heu und Wasser ein, und dann wurde es Zeit, die Pferde zu holen.

Es erschien mir am logischsten, mit Eden anzufangen, aber so, wie ich es erwartet hatte, ging das nicht leicht. Eden stand wieder zitternd auf ihren Beinen und ich konnte sie nicht beruhigen, weil meine Beine bei dem Gedanken an die lange Reise, die vor ihr lag, und alles, was unterwegs passieren konnte, auch zitterten. Ich beschloss, Jake die Pferde verladen zu lassen. Jake hatte in seinem Leben schon Leben unzählige Pferde verladen, und er strahlte eine enorme Ruhe aus. Eden kannte ihn nicht, aber sie würde auf jeden Fall seine Ruhe und sein Vertrauen in die Situation spüren. Das war mehr, als ich ihr selbst bieten konnte.

Jake übernahm den Strick und probierte, Eden zu verladen. Sie folgte ihm ein Stück in den Trailer, geriet dann aber in Panik, schoss zurück und stieg. Sie schlug so wild mit dem Kopf, dass Jake den Strick loslassen musste. Eden rutschte auf der Laderampe aus und ihr Kopf schlug gegen die Seitenwand des Trailers.

Ich rannte sofort zu ihr und sah, dass sie eine große Wunde hatte. Das Blut strömte über ihr weißes Fell, während meine Zweifel ihren Höhepunkt erreichten. Ich nahm sie mit in den Stall, weg von allen

Menschen und dem Trailer. Mit zitternden Händen versorgte ich ihre Wunde.

„Oh Eden", flüsterte ich. „Was tue ich dir doch an …?"

„Das ist jetzt nicht die Zeit, um zu zweifeln, Nanda", hörte ich Edens Stimme in meinem Kopf. „Du hast diese Entscheidung getroffen und nun müssen wir diese Unternehmung zusammen zu einem guten Ende bringen. Ich will in den Trailer, aber es gelingt mir nicht, meine Angst zu überwinden, weil ich weiß, dass es diesmal keinen Weg zurück gibt. Vielleicht kann Hazel uns helfen."

Das war tatsächlich ein guter Plan. Wenn ich Hazel zuerst in den Trailer stellte, dann würde dies das Verladen von Eden einfacher machen, weil sie ihre Aufmerksamkeit auf ihr Fohlen richten konnte.

Wir gingen zurück zum Trailer und ich sagte Jake, dass ich Hazel erst verladen wollte.

Jake schüttelte besorgt den Kopf. „Aber dieses Fohlen ist doch noch nie verladen worden? Das wird noch schwieriger."

Hazel hatte noch nie in ihrem Leben einen Trailer gesehen, aber sie hatte ein unbeschädigtes Vertrauen. Ich streichelte über ihren Hals und ging vor ihr in den Trailer. Hazel zögerte kurz, aber nachdem sie ein bisschen geschnüffelt hatte, folgte sie mir voller Vertrauen hinein. Sie fing ruhig an Heu zu fressen und wieherte ihrer Mutter ermutigend zu, die zitternd vor Angst vor der Laderampe stand. Es war überdeutlich zu sehen, dass Eden alles gab. Sie wollte in den Trailer und außerdem wollte sie zu ihrem Fohlen. Trotzdem gelang es ihr noch immer nicht, ihre Angst zu überwinden. Eden spürte, dass dies keine kurze Fahrt sein würde. Wenn sie einmal im Trailer stehen würde, gab es kein Zurück mehr. Die Zeit verstrich und Jake begann nervös auf seine Uhr zu schauen. Er musste jetzt wirklich losfahren, um noch in Ruhe L. A. zu erreichen.

„Sie muss dort hineingehen", sagte er, während er seine raue, von der Sonne gebräunte Cowboyhand ermutigend auf meine Schulter legte.

Ich wusste es, sie musste nun, wie auch immer, in den Trailer. Ich wollte nur so gern, dass es ihre eigene Entscheidung sein würde. Wenn wir sie jetzt beim Verladen zwingen würden, dann wäre alles umsonst. Dann würde ich ihr Vertrauen missbrauchen. Ich hatte nichts davon, wenn ich sie physisch mitnehmen konnte, sie aber emotional dadurch verlor.

Jake sagte mir, dass er nur noch eine Lösung wisse, nämlich Edens Augen mit einem Tuch zu bedecken. „Auf gar keinen Fall!" rief ich sofort. Es gab kein Haar auf meinem Kopf, das bereit war, darüber nachzudenken. Ich hatte davon gehört, dass man Pferden manchmal die Augen verband, um sie zu verladen, aber es erschien mir unangenehm und ganz bestimmt nicht natürlich. Jake war mit mir einer Meinung, dass das Verbinden der Augen ein sehr drastisches Mittel ist, durch das ein Pferd auch schwer traumatisiert werden kann.

„Auf der anderen Seite kann es eine sehr positive Erfahrung sein, wenn dir das Pferd wirklich vertraut", sagte er ermutigend.

Er erklärte, dass jeder sich zurückziehen und auf Abstand still stehen bleiben sollte. Ich sollte als Einzige bei Eden bleiben und sie mit meiner Stimme in den Trailer leiten. Er versicherte mir, dass ich die Augenbinde sofort abnehmen dürfe, falls Eden in Panik geraten würde. Die Zeit drängte und ich sagte zu, dass ich es versuchen würde.

Mein Mann holte ein Küchentuch und Jake faltete daraus eine Augenbinde und gab sie mir. Alle gingen weg und ich blieb allein mit Eden beim Pferdeanhänger zurück. Ich wollte sie vor allem nicht überfallen; ich stellte mir in Gedanken vor, was ich vorhatte, und bat sie um Zustimmung dafür. Mit zitternden Händen zog ich das Tuch an beiden Seiten unter das Halfter, sodass ihre Augen bedeckt waren. Das Tuch konnte sich nicht verschieben, war im Notfall aber leicht zu entfernen. Eden stand mucksmäuschenstill, zitterte aber noch heftiger als zuvor, sofern das überhaupt möglich war. Man konnte eine Stecknadel fallen hören; wir waren beide äußerst konzentriert und völlig aufeinander eingestimmt. Eden konnte nun nichts mehr sehen, alles um sie herum war schwarz, und das einzige Geräusch, was sie hörte, war meine Stimme. Auch für mich verschwamm die ganze Umgebung; ich konzentrierte mich nur noch auf sie.

„Komm, Mädchen, hier geht's lang. So, ja, gut so. Geh weiter. Braves Mädchen, weiter so. Jetzt gehen wir auf die Laderampe; das klingt anders, aber es ist okay. Trau dich; noch einen Schritt, und noch einen; wir haben es fast geschafft."

Mit dem Strick in der einen Hand und meine andere Hand beruhigend auf ihrer Schulter ging ich langsam in den Pferdeanhänger. Eden folgte, Schrittchen für Schrittchen. Sie lief sehr wackelig und musste immer wieder ihr Gleichgewicht suchen, während sie mit ihren Hufen den Boden abtastete. Im Dunkeln folgte sie der Stimme, die sie schon durch so viele schwierige Situationen geleitet hatte; die Stimme, die ihr Vertrauen niemals missbrauchte.

So gingen wir über die Laderampe auf den Pferdeanhänger bis hinten durch. Bei Hazel angekommen, blieben wir stehen. Dort entfernte ich vorsichtig die Augenbinde, während die Tränen über meine Wangen strömten.

„Ich hab es geschafft, ich hab es geschafft", klang Edens Stimme stolz und erleichtert in meinem Kopf. Hazel wieherte vor Freude und ich spürte, wie Eden sich entspannte. Als ich aus dem Trailer stieg, standen alle anderen draußen und klatschten.

„So etwas habe ich noch nie gesehen!", rief Jake. „Das war wunderbar! "

Der Trip nach L. A. verlief ohne Probleme. Jake machte unterwegs regelmäßige Pausen, und Eden und Hazel hatten den großen Trailer zur Verfügung, der mindestens so groß war wie zwei normale Pferdeboxen.

Als ich Jake unterwegs auf seinem Handy anrief, berichtete er, dass die beiden sich nun im Pferdeanhänger sichtlich wohlzufühlen schienen. „Pferde hassen es, ihren Stall zu verlassen, weil es ihr sicherer Hafen ist", erklärte er. „Wenn sie dann aber einmal unterwegs sind, wird der Trailer ihr neues Zuhause."

In L. A. wurden Eden und Hazel von Mitarbeitern des Transportunternehmens mit zwei Eimern Mash in Empfang genommen. So konnten sie sich etwas erholen, bevor sie wieder verladen wurden. Diesmal mussten sie in eine Box, in der mit Zwischenwänden drei kleine Ställe unterteilt waren. Auf den Fotos sah ich, dass diese Box viel offener und pferdefreundlicher war als der Trailer. Die Pferde konnten auf der Rückseite hineinlaufen (während die Vorderseite auch halb geöffnet war) und waren vermutlich der Meinung, dass sie nun wieder in einen richtigen Stall kämen. Eden und Hazel standen nebeneinander, während der dritte Stall von einem weltberühmten Springpferd belegt war. Das Springpferd reiste regelmäßig um die ganze Welt. Es musste für Eden und Hazel zweifellos beruhigend gewesen sein, mit einem so erfahrenen Mitreisenden unterwegs zu sein. Die ganze Box wurde dann in das Flugzeug geladen, mit Pferden und allem, was darin war.

Als die Box in L. A. in das Flugzeug geladen wurde, überkam mich zu Hause plötzlich die Panik. Plötzlich klopfte mein Herz hoch im Hals und meine Atmung wurde immer schneller. Meine Beine zitterten und der einzige Gedanke in meinem Kopf war: „Ich muss hier weg! Ich muss nach draußen. Ich muss flüchten."

Ohne darüber nachzudenken, rannte ich aus meinem Haus und auf die Weide, wo ich in der äußersten Ecke stehen blieb. Erst als ich wieder denken konnte, wurde mir klar, dass die Panik und das enorme Fluchtbedürfnis, das ich gefühlt hatte, von Eden kamen. Sie war in L. A., ich war in Seattle, aber wir waren so miteinander verbunden, dass ihre Emotionen einen körperlich spürbaren Effekt auf mich hatten. Aber, dachte ich mir, wenn dies möglich ist, müsste es auch andersherum möglich sein, meine Gefühle aus der Ferne auf sie zu übertragen.

Ich schaute mich um und blickte auf die weitläufigen Wiesen und den wunderschönen Wald. Ich atmete tief und nahm mit jedem Atemzug Ruhe und Freiheit in mich auf, während ich Panik und Angst ausatmete. Diesen Seinszustand versuchte ich dann in Gedanken auf Eden zu übertragen. Nach einer Weile wusste ich einfach, dass Eden wieder beruhigt war, und ging zufrieden ins Haus.

Kurze Zeit später bekam ich den erlösenden Anruf, dass das Flugzeug gestartet und Hazel und Eden auf dem Weg waren. Der Flug verlief gut, und als sie gelandet waren, durften Eden und Hazel sogar in demselben Lastwagen wie das berühmte Springpferd mitfahren. Das war ein unerwartetes Glück, denn so konnten sie die Reise mit ihrem vertrauten Mitreisenden fortsetzen und vom Luxus profitieren.

In der Nacht träumte ich, dass ich mit Eden in meinem Heimatort durch den Wald ritt und Hazel vor uns herlief. Hazel schaute sich in dem Traum immer wieder um und rief: „Ich kenne mich hier aus, ich habe keine Angst! Kommt mal mit, ich gehe zurück zu meinem Stall!"

Ich merkte, dass sie über das Leben als Natasha sprach, und wenn man es so betrachtete, befand sie sich bei Marijke und Fleur tatsächlich auf bekanntem Gelände.

Später habe ich noch oft darüber nachgedacht, dass Hazel unterwegs eine wichtige Unterstützung für Eden gewesen sein musste. Ich weiß nicht, ob Eden es ohne ihr Fohlen geschafft hätte.

Ein paar Tage später stand ich selbst auf dem Flughafen in Seattle. Diesmal flog ich nicht meiner Freiheit entgegen. Ich fühlte mich, als ob ich mit einem Lasso gefangen und meiner Freiheit beraubt worden wäre. Als ob ich auf der Laderampe eines Pferdeanhängers stehen würde, der mich zurück in den Stall bringen würde, aus dem ich vor fünf Jahren geflohen war.

Es war das Wissen um die Tatsache, dass ein Teil meiner Seele in Gestalt meiner zwei geliebten Pferde vorausgegangen war, was mir half, meine Angst zu überwinden und in das Flugzeug zu steigen.

Als ich bei Marijke ankam, ging es Eden und Hazel richtig gut. Eden hielt sich bei den anderen Pferden noch sehr zurück, aber Hazel hatte schon Freundschaft mit Fleur geschlossen.

Ich erwartete einen herzlichen Empfang, aber den bekam ich nur von Marijke, nicht von meinen Pferden. Eden und Hazel schienen es die normalste Sache der Welt zu finden, dass ich plötzlich wieder vor ihrer Nase stand. „Bist du endlich auch da?", schienen sie zu sagen. „Wo warst du nur die ganze Zeit?"

Eigentlich war ich ein bisschen enttäuscht, denn ich war selbst sehr gerührt bei unserem Wiedersehen. Ich hatte mir in Gedanken vorgestellt, dass meine Pferde im Galopp auf mich zu rennen und dann ihre Köpfe auf meine Schulter legen würden. Und dabei würden sie vor Freude wiehern, weil wir wieder alle vereint waren. So hatte Hazel doch schließlich auch reagiert, als sie in Panik war, nachdem sie aus der Weide ausgebrochen war. Ich fühlte mich nun genauso erleichtert wie Hazel damals, weil ich solche Angst davor gehabt hatte, dass den Pferden unterwegs etwas passieren könnte. Aber was hatte Eden noch mal gesagt? „Du musst wissen, dass unsere Verbindung so tief ist, dass wir uns niemals mehr verlieren."

Natürlich, dachte ich plötzlich, der Grund, warum Eden und Hazel es ganz normal finden, dass ich wieder da bin, ist, dass wir gar nicht getrennt waren. Ich war diejenige, die Zweifel hatte und die Angst hatte, dass ihnen unterwegs etwas passieren könnte. Eden und Hazel waren sich der Verbindung bewusst geblieben. Sie wussten, dass wir uns nie verlieren würden. Das war der Unterschied!

Von Pferden fürs Leben lernen

Es gab noch mehr Dinge, die ich zu verstehen begann, jetzt, wo ich wieder zurück aus Amerika war.

So begriff ich zum ersten Mal in meinem Leben, dass wahre Freiheit nicht abhängig von externen Faktoren, sondern tief in einem selbst verankert ist. Ich hatte meine Freiheit gar nicht in Amerika zurückgelassen; mein inneres Freiheitsgefühl war mit mir mitgereist und würde mich nie mehr verlassen.

Genau wie Eden es gelernt hatte, sich reiten zu lassen, ohne ihre Freiheit, ihre Eigenheit und ihre Seele dafür aufgeben zu müssen, so lernte ich, dass ich überall auf der Welt wohnen konnte, ohne meine Freiheit, meine Eigenheit und meine Seele zu verlieren.

Ich erinnerte mich an das, was Natasha in dem Traum gesagt hatte, als ich Eden gerade gefunden hatte. „Der Mensch sieht sich selbst im Spiegel, wie er wirklich ist. Wir Pferde halten dem Menschen den Spiegel seiner Seele vor. Alles, was du in Eden zu sehen meinst, ist in Wirklichkeit in dir. Das, wofür du Mitgefühl verspürst, sind die Dinge in dir, die geheilt sind. Die Dinge, die du bewunderst, sind die Bereiche in dir, an denen du weiter arbeiten willst."

Anfangs hatte ich vor allem Mitgefühl für Eden empfunden, aber nach und nach hatte ich sie immer mehr bewundert. Ich hatte die Dinge bei Eden, mit denen ich Mitgefühl hatte, heilen können, weil sie in mir selbst schon heil waren. Nach Edens Veränderung waren die Rollen jedoch vertauscht. Ich fühlte eine tiefe Bewunderung für die Weise, in der sie im Roundpen ihren Platz einnahm und dabei davon ausging, dass jeder diesen Platz auch respektieren würde. Sie hatte ihre innere Stärke gefunden; sie war nicht länger die Folgende, sondern war es vor allem wert, dass man ihr folgte. Diese Eigenschaften hatte ich danach auch in mir selbst entwickeln müssen, um ihren Respekt zu verdienen.

Vor meiner Zeit in Amerika war ich mir meiner inneren Stärke noch nicht bewusst. Wie ein Pferd, das vorsichtig durch den Roundpen läuft und immer um sich schaut, ob niemand ihm im Weg steht, hatte ich selbst auf der Suche nach Anerkennung und Bestätigung immer zu den anderen geschaut. Durch Eden hatte ich meine innere Stärke gefunden; ich traute mich nun selbst auch, Raum einzunehmen und davon auszugehen, dass andere diesen Raum respektierten. Ich hatte mich, genau wie Eden, verändert und hatte ein tiefes inneres Bewusstsein dafür entwickelt, dass ich wie jedes lebende Wesen Respekt verdiene. Nicht für das, was ich tue, sondern für das, was ich in meiner ganzen Unvollkommenheit bin. Erst jetzt hatte ich wirklich verstanden, dass ich das Recht hatte, zu sein, wer ich bin, überall auf der Welt. Erst als ich das verstanden hatte, war ich frei. Als ich verstanden hatte, dass ich meinen „Stall" selbst aufrechterhalten hatte, war er nicht länger eine Bedrohung für mich. Und trotzdem: Würde ich auch hier wieder glücklich sein?

Am liebsten wollte ich in einer ganz neuen Umgebung wohnen, irgendwo, wo alles anders war, damit ich wieder neue Dinge über mich selbst und über die Pferde lernen konnte. Ein Ort, an dem es, so wie in Amerika, viel Platz gab, mit weitläufiger Natur, in der ich mit meinen Pferden unterwegs sein konnte, und mit großen Wiesen, um den Pferden so viel Freiheit wie möglich geben zu können.

Wenn ich in Europa auf die Suche nach einem Wohnort gehen würde, an dem ich aufrichtig glücklich sein würde, dann müsste ich die Pferde wieder verladen. Aber was hatte Eden gesagt? „Solltest du dich dann nicht für das entscheiden, wodurch du dich letztendlich, wenn alles gut geht, am glücklichsten fühlen würdest?"

Sie hatte recht. So hatte unsere Suche in Europa angefangen. Die Suche nach einem Fleckchen Erde, an dem unser Herz schneller schlagen würde und das uns wieder mit Freude erfüllen würde. Ein Ort, mit dem wir uns wieder verwurzeln wollten.

Diesen Ort fanden wir schließlich in Irland, dem Land der weitläufigen Wiesen, unberührten Strände und wunderschöner Natur.

Das Land mit den freundlichen Bewohnern, die nach eigenen Aussagen nur zwei Gesprächsthemen hatten: Pferde und Hunde. Außerdem ein Land, in dem es noch unzählige Relikte aus der Zeit gab, in der das Tor zur anderen Wirklichkeit noch weit offen stand. Steinkreise, Ogham-Steine, Klöster und Schlösser, Portale lange vergangener Zeiten, die uns daran erinnern, dass die heutige schnelle und am Geld orientierte Gesellschaft nicht alles ist. Die uns daran erinnern, dass es mehr gibt zwischen Himmel und Erde: andere Wirklichkeiten, in denen keine Zerrissenheit, sondern Ganzheit herrscht.

Wir hatten durch die Verkettung ungünstiger Umstände viel Geld verloren und auch der Transport von Eden und Hazel hatte eine Menge gekostet. Alles in allem war ich ärmer, als ich es je gewesen war, aber gleichzeitig fühlte ich mich reicher als je zuvor. Ich hatte meine Familie und ich hatte Eden und Hazel, die beiden Pferde, mit denen ich eine Seelenverbindung hatte. Außerdem wusste ich jetzt, dass ich immer und überall frei sein konnte und dass mir dies niemand jemals abnehmen konnte.

Auch mein Mann fühlte sich, ohne Arbeitsstelle und ohne Geld, auf merkwürdige Weise befreit. Wir hatten auf materiellem Gebiet fast alles verloren, aber gerade dadurch verstanden wir umso mehr, was wirklich wichtig ist im Leben. Wir mussten nur irgendwie ein Haus für uns finden.

Als ob es so sein sollte, gab es ein reetgedecktes Cottage, das zu einem annehmbaren Preis zur Miete angeboten wurde. Es war aber eine Bedingung an die Miete geknüpft. Auf den sechs Hektar Land, die zu dem Cottage gehörten, liefen einige Pferde, für die der neue Mieter sorgen sollte. Es gab Offenställe, eine alte Reithalle mit Springmaterial, Gärten, Teiche und sogar einen lebendig fließenden Bach mit kleinen Wasserfällen. Das Gelände lag direkt am Wald und war über einen kilometerlangen Sandweg erreichbar, den man nur mit einem Jeep gut befahren konnte.

Uns fiel die Entscheidung nicht schwer und wir ließen Eden und Hazel nach Irland bringen.

Nach allem, was sie erlebt hatten, war dies nur ein kleiner Schritt. Einmal bekam ich während der Reise kurz Panik, merkte diesmal aber sofort, dass das Gefühl von Eden kam. Ich sah Bilder von der Innenseite des Lastwagens und hörte die schweren Motoren der Fähre. Wieder spürte ich den Wunsch, wegzurennen und zu flüchten, aber diesmal wurde ich von diesem Gefühl nicht überfallen.

Ich ging ruhig nach draußen und lief zu der alten verfallenen Reithalle, die zum Cottage gehörte. Draußen setzte ich mich auf eines der Hindernisse und nahm die weitläufige grüne irische Landschaft mit jedem Atemzug in mich auf. Ich stellte mir vor, wie Eden und Hazel genüsslich das zarte Gras fressen würden und wie sie auf den riesigen Wiesen rennen und spielen würden.

Ich fühlte mich mit allem verbunden: mit dem Land, das schon seit Tausenden von Jahren von Menschen bewohnt wurde, mit den Vögeln, dem Wind, der Sonne, der Erde … mit den Pferden. Ich wusste, dass alles gut war, und ich begriff, dass das Universum tatsächlich vollkommen ist, so wie Natasha es mir vor langer Zeit erzählt hatte. Dieses Gefühl der Verbundenheit übertrug ich in Gedanken auf Eden.

Ein paar Stunden später rief mich der freundliche Fahrer des Lastwagens an, der die Pferde nach Irland brachte. „So, wir sind in Irland", beruhigte er mich. „Wir kommen gerade von der Fähre. Dort war es nicht ganz leicht für die Pferde, denn wir durften nicht bei ihnen bleiben und sie haben sich bestimmt vor dem Geräusch der Motoren erschreckt. Aber gut, das ist geschafft, und wir hoffen, in ein paar Stunden bei euch zu sein."

Als der große Lastwagen ein paar Stunden später ankam und die Laderampe aufging, stiegen Eden und Hazel entspannt und munter heraus. Ich führte Eden über den langen Sandweg zum Cottage, während der Chauffeur Hazel nahm.

Diesmal war das Wiedersehen auch meinerseits nicht besonders emotional, weil ich verstanden hatte, dass ich meine Pferde niemals wirklich verlieren würde. Es fühlte sich nur ganz natürlich an, dass wir nun alle wieder vereint waren, so als ob das letzte Teil eines Puzzles seinen Platz gefunden hätte. Ich war wieder vollständig, denn die letzten beiden Teile meiner Seele waren auch physisch wieder miteinander verbunden.

Das Glücksgefühl, das ich in Irland fand, war anders als das, was ich in Amerika gehabt hatte. In Amerika hatte ich Freiheit erfahren und mich genauso ausgelassen gefühlt, wie ich war, als ich Shadow zum ersten Mal ohne Zaumzeug ritt. In Irland erlebte ich sowohl innere Freiheit als auch die Verbundenheit von allem. Ich fühlte mich so, wie es war, als ich Eden zum ersten Mal ohne Zaumzeug ritt.

Es ist ein bescheideneres, ruhigeres, aber auch tieferes Gefühl, das sich vielleicht am besten als tiefe innere Zufriedenheit, als Nachhausekommen beschreiben lässt.

Der Kreislauf des Lebens

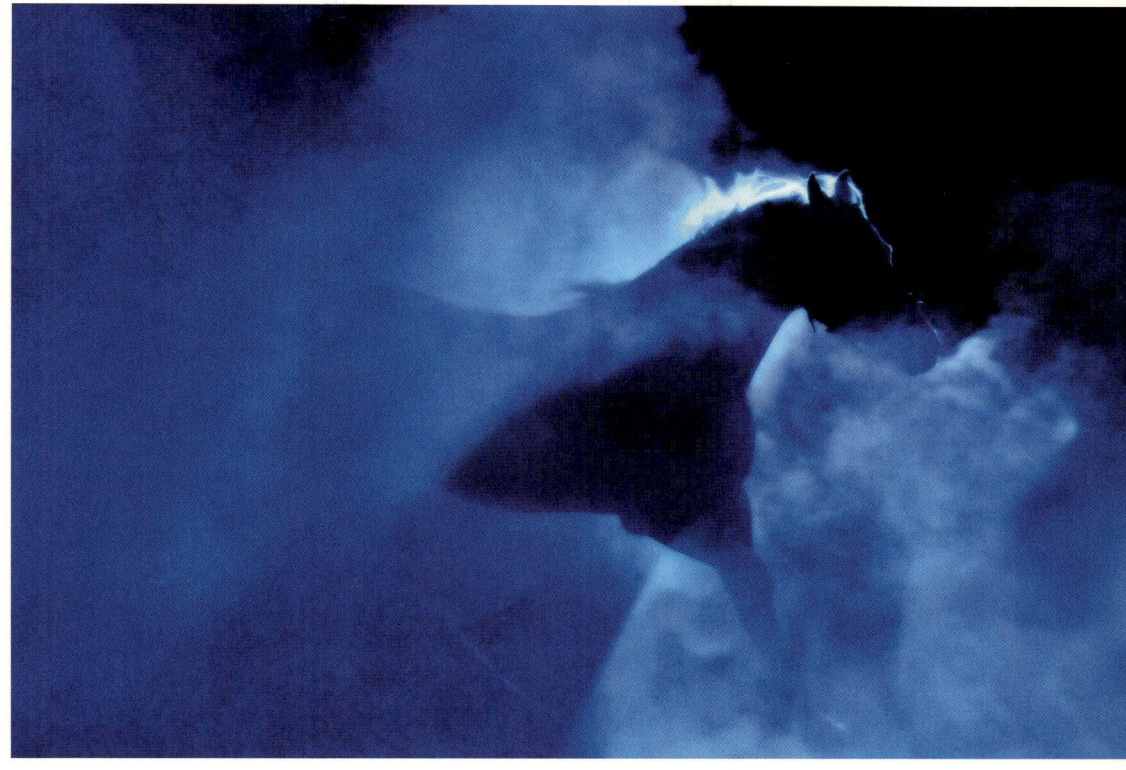

Die Wiesen hier in Irland sind umsäumt von jahrhundertealten Steinmauern, die mit wunderbar duftendem Geißblatt, immergrünem Ilex und fröhlich gelbem Stechginster überwuchert sind. Ich genieße es, in völliger Ruhe auf so einer Mauer zu sitzen, meinen Pferden zuzuschauen und dabei in ihrer Wirklichkeit zu sein.

Hazel ist inzwischen schon zwei Jahre alt. Sie ist jetzt fast so groß und fast so weiß wie ihre Mutter. Eden hat alle Hände voll zu tun mit ihrer heranwachsenden Tochter, die immer neue Grenzen sucht.

Letztens sah ich, wie Hazel ihr in den Mähnenkamm biss, hoch über sie stieg und oben auf ihrem Rücken landete. Okay, dachte ich, und was passiert jetzt? Ohne weiter nachzudenken, ging ich auf Hazel zu. Ich kletterte auf das Steinmäuerchen neben ihr, sodass ich über ihr war, und griff fest mit meiner Hand in ihren Mähnenkamm. Dann schwang ich mein Bein über ihren Rücken und setzte mich auf sie.

„Pfui, Hazel!", sagte ich, quasi böse, jedoch innerlich lachend. „Freches Mädchen, springt einfach so auf den Rücken seiner Mutter, die alles für dich zu geben bereit ist. Wie findest du das, wenn ich das bei dir tue?"

Hazel senkte den Kopf und leckte über ihre Lippen, dass es eine wahre Freude war. „Tut mir leid", schien sie zu sagen. „Ich hab es nicht so gemeint."

„Ich weiß, Hazelchen", sagte ich und begann, sie ausgiebig zu streicheln.

Plötzlich wurde mir klar, dass ich zum allerersten Mal auf Hazels Rücken saß! Sie hatte kein Halfter um und keinen Sattel auf, aber sie blieb freiwillig stehen. Ich hatte völlig instinktiv auf die Situation reagiert, so wie es die Leitstute in einer Herde auch getan hätte. Ich wusste schon, dass Hazel mich als Herdenmitglied und Mitpferd betrachtete, aber nun wurde mir zum ersten Mal klar, dass sie mich auch als Leittier akzeptiert hatte. Genauso natürlich, wie es für mich war, sie zurechtzuweisen, war es für sie, meine Zurechtweisung zu akzeptieren.

Ich genieße es sehr, die heranwachsende Hazel unbesorgt durch die Wiese rennen zu sehen. Im einen Moment steigt sie, um zu zeigen, wie kräftig sie ist, kurz danach tut sie so, als würde sie noch bei ihrer Mutter trinken, um ihre Unterwürfigkeit zu demonstrieren. Hazel ist wie der Frühling, wie eine Rose, die noch zur Hälfte eine Knospe ist und deren zarte Blütenblättchen sich langsam zu entfalten beginnen. Sie ist so schön, mit ihren langen Beinen, ihrer wehenden Mähne und ihrem schlanken, unversehrten Körper; ein Pferd mit einer vielversprechenden Zukunft.

Wenn ich mir Eden anschaue, dann sehe ich etwas ganz anderes. Keine jugendliche, ausgelassene Fröhlichkeit, mehr eine bescheidene, tiefe Zufriedenheit. Eden ist wie die Rose, die schon in Fülle geblüht hat und jetzt den Zenit ihrer Blüte überschritten hat. Sie ist schön, mit ihrer großen Narbe auf der Nase und ihrem durchhängenden Bauch, wodurch man ihre Rippen sehen kann, obwohl sie gut genährt ist. Schön wie ein sonniger Herbsttag im September; voller Erinnerungen, Liebe und Weisheit. Sie ist eine würdige Leitstute, die weiß, dass mit ihrer Position auch Verantwortlichkeiten verbunden sind. Sie nimmt die schwachen Herdenmitglieder den Stärkeren gegenüber in Schutz, während sie für beide ganz in der Wertschätzung bleibt. Sie setzt deutliche Grenzen, die ihrem Selbstrespekt entspringen, und sie vermeidet dadurch, dass sie sich jemals böse, frustriert oder enttäuscht fühlt.

Eden ist mein Vorbild und meine Inspiration; auch ich versuche, mich immer als Leitstute zu verhalten. Nicht nur im Umgang mit meinen Pferden, sondern auch mit meinen Kindern, meinem Mann, Freunden, Familie und allen, denen ich begegne. Ich setze mir selbst immer wieder neue Ziele im Leben, und ich schicke meine Aufmerksamkeit und Energie voraus, bis ich das neue Ziel in Gedanken bereits erreicht habe. Ich versuche, mir meiner inneren Stärke stets bewusst zu sein; ich sehe das Leben wie einen großen Roundpen, in dem ich Raum einnehmen kann, um zu sein, wie ich bin.

Außerdem versuche ich mir der Verbundenheit von allem stets bewusst zu bleiben, um immer daraus handeln zu können. Die Verbundenheit, an die mich die Pferde immer wieder erinnern mussten, ist in Irland noch fühlbar, fast greifbar. Der Tod ist in Irland kein Tabuthema, sondern Teil des Lebens. Überall sieht man prächtige keltische Kreuze und Grabsteine, durch die die Stimmen unserer Vorfahren sprechen. Spuren, die uns mit den Menschen verbinden, die vor Hunderten, manchmal Tausenden Jahren dasselbe Land bewohnten und bearbeiteten.

Die Vergangenheit ist hier mit der Gegenwart und der Zukunft verbunden, der Tod mit dem Leben und der Geburt. Die keltischen Symbole haben gemeinsam, dass sie unendlich sind. Es sind Muster ohne Anfang und Ende, ineinander verwoben in einem immer wiederkehrenden Muster. Geburt, Leben, Tod, Geburt; so geht es immer weiter. *The Neverending Circle of Life*; die Verbundenheit von allem.

Ich genieße es sehr, wenn ich lang ausgestreckt mit den Pferden in der Sonne auf der Weide liegen kann. Hazel ist von Anfang an ruhig liegen geblieben, wenn ich mich zu ihr setzte. Weil ich sie bei ihrer Geburt in meinen Armen gehalten habe, ist ihre instinktive Reaktion aufzustehen ersetzt durch die geprägte Reaktion ruhig liegen zu bleiben. Wenn sie sieht, dass ich komme, schaut sie mich meistens fragend an, um festzustellen, ob ich mich zu ihr setze oder lege. Oft wirft sie dann ihren Kopf in meine Arme und manchmal dreht sie ihren Bauch für eine angenehme Massage nach oben. Ich kann meine Arme um sie schlingen und mich sogar auf sie setzen; sie vertraut mir gänzlich. Auch Edens Vertrauen ist inzwischen so groß, dass ich mich zu ihr setzen kann, wenn sie ruht. Als ich letztens so mit ihr dasaß und sie ihren Kopf in meinen Schoß legte, musste ich an den Traum von vor sechs Jahren denken, in dem sie mir genau dieses Bild zeigte. Ich hatte damals nicht ahnen können, dass ich die Wiese aus dem Bild in Irland wiederfinden würde.

Es war viel passiert in den Jahren, seit ich Natasha weggegeben hatte. Ich hatte viel gelernt, seit ich nach Amerika umgezogen war, auf der Suche nach meiner Freiheit und nach der weißen Araberstute, die meine neue Lehrmeisterin sein sollte. „Du wirst mich nicht verlieren, aber dadurch, dass du mich loslässt, werde ich dir näher sein als je zuvor", hatte Natasha gesagt. Ich schaue zu Hazel, die ausgestreckt in der Sonne neben uns liegt und gerade ihren Kopf hebt, um mich mit ihren großen dunklen Augen anzuschauen.

Ich streiche Edens Hals und ihre weiche weiße Mähne. Wie viel habe ich von ihr gelernt und wie viel hat sie mir viel gegeben! Und Natasha, was habe ich ihr nicht alles zu verdanken? Ohne Natasha hätte ich nie gelernt, den Pferden und meiner eigenen Seele zuzuhören. Ohne Natasha hätte ich Eden nie gefunden. Und Mr. Smith,

der ein Pferd mit seinem Menschen vereinte und der mir sein ganzes Vertrauen schenkte, damit ich mich in völliger Freiheit für Natasha und für meine Seele entscheiden konnte.

„*The circle is round*", hatte Mr. Smith gesagt, als er Natasha abholen kam, nachdem sie gestorben war. So fühlte es sich auch für mich an. Als ob der Kreis rund war und ich gleichzeitig beim Anfang eines neuen Kreislaufes angelangt war. Ich hatte mir oft gewünscht, dass ich alles, was ich in den vergangenen Jahren gelernt hatte, schon gewusst hätte, als ich Natasha als junges Mädchen bekam.

Hazel war jetzt zwei Jahre alt, in gut einem Jahr war sie alt genug, um geritten zu werden. Es war, als sei der Wunsch in Erfüllung gegangen und als könnten wir jetzt zusammen neu beginnen.

„Es ist unvorstellbar, wie viel ihr mir immer wieder gebt und beibringt", flüsterte ich Eden leise zu.

„Aber Nanda", hörte ich Edens sanfte Stimme in meinem Kopf antworten, „alles, was du in uns siehst, ist auch in dir. Es ist deine eigene Reflexion. Du wünschtest dir Freiheit und du suchtest die Verbundenheit, aber die Freiheit war immer schon tief in dir verankert, während du auch immer ein Teil der Verbundenheit warst. Natasha und ich haben dir nur einen Spiegel vorgehalten. Einen Spiegel deiner Seele, aber alles, was du in dem Spiegel gesehen hast, war auch in dir. Wir haben dir bewusst gemacht, wer du bist, und dir dein wahres Selbst gezeigt, das in Liebe verbunden und gleichzeitig frei ist. Es ist nicht unsere Weisheit, die du erfahren hast, sondern die Weisheit des Ganzen, von dem wir alle, du und jedes andere lebendige Wesen, ein Teil sind. Diese Weisheit steht allen zur Verfügung, die bereit sind, zu fühlen und zu lernen."

Hazel stand auf, streckte sich und kam auf uns zu. Sie stupste Eden und mich mit ihrer weichen Nase an, um uns „ältere Stuten" zum Aufstehen zu bewegen.

„So ist es, Hazel", sagte ich. „Lass uns zur Tagesordnung übergehen. Ich muss noch einige kaputte Zäune reparieren, ein Pferd muss die Hufe geschnitten bekommen, und ich hoffe, dass ich heute Nachmittag noch reiten kann. Es ist Zeit, weiterzugehen und einen neuen Kreislauf in unserem Leben zu beginnen.

Wenn du etwas liebst, so lass es frei!
Kehrt es zu dir zurück, dann ist es für immer Dein.
Wenn nicht, dann hat es dir nie gehört.

(Aus China)

Das Tao der Pferde

Karsten Kulms
Das Tao der Pferde
ISBN 978-3-8404-1031-4
128 Seiten, farbig, gebunden

Was hat eine uralte chinesische Philosophie – der Taoismus – mit der Haltung und dem Umgang mit Pferden zu tun?

Die Antwort ist einfach: Überraschend viel! Der Tierheilpraktiker Karsten Kulms beschrieb die enge Verbindung zwischen der fernöstlichen Philosophie und dem Wesen des Pferdes. Das Buch soll keine neue Reitlehre sein. Es geht vielmehr um das achtsame Zusammensein von Pferd und Mensch - vom ersten Moment der Begegnung, über das Putzen und Trainieren, bis hin zum Wegbringen des Pferdes. Seine Überlegungen über den achtsamen Umgang mit dem Pferd sind Reitweisen übergreifend und für jeden gedacht, der auf der Suche ist nach einem intensiven, harmonischen Verhältnis mit seinem Pferd. Dieses Buch wird Ihnen mithilfe des Taoismus neue Wege aufzeigen Ihr Pferd auf seine Art und Weise zu verstehen und somit „pferdegerechter" mit ihm umzugehen – und das ganz ohne mechanische Hilfen. Die jahrtausendealten Erkenntnisse und Prinzipien der chinesischen Philosophie des Taoismus stellen vor allem in unserer modernen Zeit eine wertvolle Bereicherung unseres Lebens dar. Demnach bedeutet diese neue Art und Weise mit dem Pferd umzugehen und vom Pferd zu lernen, auch leben lernen.

Cadmos Verlag GmbH
Möllner Straße 47· 21493 Schwarzenbek
Tel.: 04151/87 90 7-0 · Fax: 04151/87 90 7-12

www.cadmos.de

Befreie dein Pferd
Befreie dich selbst

Das Pferd als Partner und Freund!

Dies ist wohl ein Wunsch vieler Reiter und Pferdebesitzer, demnach ist es nicht verwunderlich, dass immer mehr Menschen eine Freundschaft als Basis für den Umgang mit dem Pferd wählen. Doch eine Freundschaft verträgt keinen Zwang, keinen Schmerz und keine Manipulation. Genauso wenig finden hier Unterwerfung und rigorose Durchsetzung einen Platz. Es ist genau dieser logische Ansatz an den Maksida Vogt in Ihrem Buch anknüpft, indem Sie den Leser auf bestimmte Probleme aufmerksam macht und auch mal unangenehme Fragen stellt: Was ist ein Metallgebiss anderes als ein Mittel zur Unterwerfung? Pferde werden beschlagen, weil sie „fühlig" gehen (und wir so trotzdem reiten wollen), aber warum sind die Hufe so empfindlich? Wie kann man von Liebe und Freundschaft sprechen, wenn das Pferd nur als Reittier oder „Gebrauchsgegenstand" einen Wert für uns hat? Die Autorin provoziert ganz bewusst mit Ihren Aussagen und fordert somit vom Leser sich persönlich mit gewissen Themen auseinanderzusetzen, sich selbst und sein Handeln zu hinterfragen. Hierdurch wird der Weg geöffnet sich neu zu entdecken und kennenzulernen – dem Pferd zuliebe und mit seiner Hilfe.

Maksida Vogt
Befreie Dein Pferd
- Befreie dich selbst

ISBN 978-3-8404-1034-5
224 Seiten, farbig, broschiert

www.cadmos.de

Feine HILFEN

DAS **BOOKAZIN** FÜR DEN VERANTWORTUNGSVOLLEN UMGANG MIT PFERDEN

96 Seiten, farbig, broschiert
ISBN 978-3-8404-9604-2

96 Seiten, farbig, broschiert
ISBN 978-3-8404-9605-9

96 Seiten, farbig, broschiert
ISBN 978-3-8404-9606-6

... für den verantwortungsbewussten Reiter

Das Bookazin „Feine Hilfen" richtet sich an gewissenhafte Reiter, die ihre Pferde artgerecht und mit dem Ziel der langfristigen Gesunderhaltung halten, ausbilden und trainieren möchten – in psychischer wie auch physischer Hinsicht. In vier Ausgaben pro Jahr werden jeweils unterschiedliche Schwerpunktthemen umfassend von verschiedenen renommierten Autoren erklärt und kritisch analysiert.

Mit dem Bookazin ist ein einmaliger Hybrid aus Buch und Magazin gelungen, welches die Vorteile beider Medien in sich vereint: Wie in einem Buch auch, wird ein Thema ausführlich behandelt, allerdings wird Raum gelassen für die Meinungen verschiedener Trainer und Ausbilder. Für den Leser bedeutet dies einen sehr hochwertigen, abwechslungsreichen und differenzierten Informationsgehalt.

Blick ins Bookazin und Bestellung eines Abos oder Einzelheftes unter:

www.feinehilfen.com

Wir freuen uns über Ihren Besuch.